CHRISTOPH KRAMPE

# Die Garantiehaftung des Vermieters für Sachmängel

Schriften zum Bürgerlichen Recht

Band 60

# Die Garantiehaftung des Vermieters für Sachmängel

Ein Beitrag zur Kasuistik

Von

Prof. Dr. Christoph Krampe

DUNCKER & HUMBLOT / BERLIN

Alle Rechte vorbehalten
© 1980 Duncker & Humblot, Berlin 41
Gedruckt 1980 bei Buchdruckerei Bruno Luck, Berlin 65
Printed in Germany
ISBN 3 428 04642 0

*Françoise, Myriam und Sylvie Krampe*
*gewidmet*

# Vorwort

Die vorliegende Abhandlung ist aus meinem Habilitationsvortrag hervorgegangen, den ich am 11. Januar 1978 vor den Konventen der Fakultäten für Rechtswissenschaft sowie für Geschichte und Geographie der Universität Mannheim gehalten habe.

Meinem verehrten Lehrer, Herrn Professor Karl-Heinz Schindler, möchte ich auch an dieser Stelle meinen herzlichsten Dank aussprechen. In seinen Seminaren wurde stets die Einsicht gefördert, daß die Dogmengeschichte zur Lösung aktueller Probleme des Zivilrechts beitragen kann.

Herrn Ministerialrat a. D. Professor Johannes Broermann danke ich für die Aufnahme der Arbeit in die Schriftenreihe zum Bürgerlichen Recht.

Bochum, im April 1980
*Christoph Krampe*

## Inhaltsverzeichnis

A. Einführung in die Problematik .................................... 11

   I. Parkplatzmiete und Campingplatzmiete ..................... 12

      1. Der Hotelparkplatz-Fall: BGHZ 63, 333 .................. 12
      2. Der Campingplatz-Fall: OLG Koblenz, NJW 1966, 2017 .... 13
      3. Der „Fehler"-Begriff .................................... 13
      4. Der Hochwasser-Fall: BGH, NJW 1971, 424 und die Parkplatz-Fälle ............................................. 14

   II. Garantiehaftung für Mangelfolgeschäden ..................... 16

      1. Die Mindermeinung ...................................... 16
      2. Die herrschende Lehre ................................... 17
      3. Die Meinung von Larenz und Diederichsen .............. 18
      4. Die Meinungen von Heck und Esser ..................... 19

B. Römisches Recht: Weinfaßmiete und Pacht einer Viehweide ....... 21

      1. D. 19, 2, 19, 1 (Ulp. 32 ed.) .............................. 21
      2. D. 19, 1, 6, 4 (Pomp. 9 Sab.) ............................. 21
      3. Arglisthaftung und Verschuldenshaftung ................. 22
      4. Garantiehaftung ......................................... 24
      5. Garantiehaftung und Arglisthaftung ..................... 25
      6. Id quod interest .......................................... 27

C. Die Entstehung der gesetzlichen Garantiehaftung ................. 29

   I. Der bisherige Rechtszustand ................................. 29

      1. Gemeines Recht .......................................... 29

         a) Lehre ................................................. 29
         b) Rechtsprechung ..................................... 30
         c) Der Umfang der Interessehaftung .................. 31

      2. Gesetzgebungen und Entwürfe ........................... 32

   II. Die Entstehungsgeschichte des § 538 BGB .................... 34

      1. Die Beratungen der Ersten Kommission ................. 34

|   |   |   |
|---|---|---|
| | 2. Die Beratungen der Zweiten Kommission | 35 |
| | 3. Die Gründe für die Garantiehaftung | 35 |

**D. Der „sozialpolitische Standpunkt" des Gesetzgebers** ............ 38

    1. Die Protokolle (2. Kommission) ............................ 38
    2. Soziales Mietrecht? ....................................... 38
    3. Folgerung ................................................ 40

**E. Die Garantiehaftung im System des BGB** ....................... 41

    I. Garantiehaftung für anfängliches Leistungsunvermögen ...... 41
      1. Objektive und subjektive Unmöglichkeit .................. 41
      2. Die Einschränkung der Garantiehaftung .................. 42

    II. Die Garantiehaftung des Vermieters und des Verkäufers ...... 43
      1. „Schadensersatz wegen Nichterfüllung" in § 538 Abs. 1 und § 463 S. 1 BGB ........................................... 44
      2. Gesetzliche und vertragliche Garantiehaftung ............. 45
      3. Folgerungen ............................................. 46

**F. Die Einschränkung der Garantiehaftung** ....................... 50

    I. Praktische Kasuistik ....................................... 50
      1. Die Einschränkung des Fehler-Begriffs ................... 50
      2. Kritik ................................................... 54
      3. Die Einschränkung der gesetzlichen Garantie ............. 56
        a) Höhere Gewalt ...................................... 56
        b) Die Zulässigkeit der Nutzung nach der BauNVO ........ 57
        c) Einwirkung eines Dritten ............................ 57
        d) Die natürliche Lage der Mietsache ................... 58
        e) Der Buch-Fall Sibers ................................ 59

    II. Bürgerliches und römisches Recht ......................... 60
      1. Die Lösung der Fälle von D. 19, 2, 19, 1 nach geltendem Recht 60
      2. Kasuistik im römischen und bürgerlichen Recht ........... 61

    III. Französisches und deutsches Recht ........................ 63
      1. Inconvenients naturels .................................. 63
      2. Die Einschränkung der Garantiehaftung im französischen und deutschen Recht ..................................... 64

**Literaturverzeichnis** .............................................. 66

**Rechtsprechungsregister** ......................................... 71

## A. Einführung in die Problematik

Nach § 538 Abs. 1 BGB haftet der Vermieter dem Mieter wegen eines *Mangels* der vermieteten Sache, wie er in § 537 Abs. 1 und Abs. 2 BGB näher bestimmt ist, auf *Schadensersatz wegen Nichterfüllung*. Die gleiche Haftung trifft nach § 581 Abs. 2 BGB auch den Verpächter gegenüber dem Pächter. Dabei trifft das Gesetz folgende Unterscheidung: Ist der Mangel bereits *zum Zeitpunkt des Vertragsschlusses* vorhanden, dann haftet der Vermieter, ohne daß es auf sein Verschulden ankommt (1. Variante). Wenn der Mangel dagegen erst *nach Vertragsschluß* entstanden ist, dann setzt die Haftung voraus, daß dies auf einem Umstand beruht, den der Vermieter zu vertreten hat (2. Variante), daß den Vermieter also ein Verschulden trifft (§ 276 Abs. 1 S. 1 BGB). Eine 3. Variante betrifft den Fall, daß der Vermieter mit der Beseitigung des Mangels in Verzug kommt, setzt also ebenfalls ein Verschulden voraus (§ 285 BGB). Soweit § 538 Abs. 1 BGB indessen in seiner ersten Variante eine verschuldensunabhängige Haftung des Vermieters anordnet, gilt er als Fall *gesetzlicher Garantiehaftung*[1]. Es handelt sich, wie der BGH[2] sagt, um einen Fall der Garantiehaftung kraft gesetzlicher Inhaltsbestimmung des Mietvertrages. Das Gesetz stellt den Vermieter so, als habe er die Mangelfreiheit der vermieteten Sache stillschweigend zugesichert[3].

Diese Garantiehaftung des Vermieters ist immer wieder heftig kritisiert worden. Bereits *von Tuhr*[4] hat die Auffassung vertreten, daß die Regelung des BGB gegenüber einer Verschuldenshaftung, wie sie das Schweizerische Obligationenrecht vorsieht[5], als eine „über die allgemeinen Grundsätze und die Regelung des Kaufes (BGB § 463) hinausgehende Strenge gegen den Vermieter ... durch die Verhältnisse nicht gerechtfertigt" sei. Für *Heck*[6] geht sie „über die Verkehrssitte hinaus",

---

[1] Vgl. nur *Larenz*, Lehrbuch des Schuldrechts II[11] (1977) S. 183.
[2] BGHZ 63, 333 (335).
[3] Vgl. Motive II, 376. Demgegenüber hat *Oertmann*, BGB II[5] (1929) § 538, 1, die Haftung mit der Pflicht des Vermieters zu erklären versucht, „seine Sache damals zu kennen oder doch auf ihren Zustand zu untersuchen".
[4] *von Tuhr*, Streifzüge im revidierten Obligationenrecht, Schweizer. JZ 18 (1921/22) 385 f. Anm. 27.
[5] Siehe unten S. 33.
[6] *Heck*, Grundriß des Schuldrechts (1929) S. 307.

nach *Wilburg*[7] liegt in ihr eine „übermäßige Strenge". *Siber*[8] hat dem Gesetzgeber sogar vorgehalten, die Vorschrift sei „auch durch die herkömmliche Abneigung gegen großstädtische Wohnungsvermieter schwerlich gerechtfertigt, zumal nicht bei Fahrnismiete". Neuestens hat schließlich *H. Honsell*[9] die Regelung als „Anomalie" im System der Leistungsstörungen eingestuft und de lege ferenda ihre Beseitigung für wünschenswert erklärt. Die Garantiehaftung des Vermieters ist indessen nicht nur de lege ferenda umstritten. Die Auslegung des § 538 Abs. 1 BGB ist vielmehr auch de lege lata zweifelhaft.

## I. Parkplatzmiete und Campingplatzmiete

In die Problematik führen am besten zwei Fälle aus der neueren Rechtsprechung ein.

### 1. Der Hotelparkplatz-Fall: BGHZ 63, 333

Der *Bundesgerichtshof*[10] hatte im Jahre 1974 über die Schadensersatzklage eines Hotelgastes gegen den Inhaber des Hotels wegen Beschädigung seines Kraftfahrzeuges zu entscheiden, das er auf dem Hotelparkplatz abgestellt hatte. Der Schaden war dadurch entstanden, daß eine am Rande des Parkplatzes stehende Zwieselbuche (d. i. eine Buche, deren Stamm sich über dem Erdboden gabelt) plötzlich auseinanderbrach und mit einem Stamm auf das Fahrzeug aufschlug. Die Ursache für das Auseinanderbrechen des Baumes lag darin, daß etwa zwei Drittel der Abbruchfläche in der Gabelung morsch waren. Ein Verschulden des Hotelinhabers, das z. B. in der Kenntnis oder auch nur in einer mangelnden Überprüfung des Zustandes der Buche hätte bestehen können, wurde nicht festgestellt.

Die Klage hatte Erfolg. Für den BGH besteht kein Zweifel, daß der Hotelinhaber als Vermieter des Parkplatzes nach der ersten Variante des § 538 Abs. 1 BGB haftet, welche ein Verschulden nicht voraussetzt. Denn nach Auffassung des Gerichts war der Parkplatz bereits beim Vertragsschluß mangelhaft. Wie § 537 BGB bestimmt, hat die Mietsache — abgesehen von dem Fall, daß ihr eine zugesicherte Eigenschaft fehlt (§ 537 Abs. 2 BGB) — dann einen Mangel, wenn sie mit einem Fehler behaftet ist, der ihre Tauglichkeit zu dem vertragsmäßigen Gebrauch aufhebt oder mindert.

---

[7] *Wilburg*, Die Elemente des Schadensrechts (1941) S. 141.
[8] *Siber*, Schuldrecht (1931) S. 283.
[9] *H. Honsell*, Die positive Vertragsverletzung und ihr Verhältnis zur Sachmängelhaftung bei Kauf, Miete und Werkvertrag, Jura 1979, 196.
[10] BGHZ 63, 333.

# I. Parkplatzmiete und Campingplatzmiete

In dem Fall des BGH haftete allerdings beim Vertragsschluß ein Fehler nicht der Mietsache selbst an. Schadhaft war vielmehr der neben dem Parkplatz stehende Baum. Indessen nimmt die Rechtsprechung[11] im allgemeinen auch dann einen Fehler der Mietsache an, wenn Verhältnisse gegeben sind, die mit der Mietsache zusammenhängen und sie in ihrer Tauglichkeit zu dem vertragsmäßigen Gebrauch unmittelbar beeinträchtigen. Dementsprechend konnte der BGH einen Fehler des gemieteten Parkplatzes darin sehen, daß dieser sich in unmittelbarer Nähe der gefahrdrohenden Buche befand.

## 2. Der Campingplatz-Fall: OLG Koblenz, NJW 1966, 2017

Während der BGH im Hotelparkplatz-Fall von 1974 der Klage stattgegeben hat, hatte das *OLG Koblenz*[12] schon im Jahre 1966 in einem ähnlichen Fall die auf § 538 Abs. 1 BGB gestützte Schadensersatzklage des Mieters eines Campingplatzes gegen den Inhaber des Campingplatzes wegen Beschädigung seines PKWs abgewiesen. Auch hier war der Schaden durch den herabstürzenden Ast einer alten Buche entstanden, die unmittelbar am Waldrand stand und in den Campingplatz hineinragte, auf dem der Geschädigte sein Fahrzeug abgestellt hatte.

Wie das OLG Koblenz ausführt, bestehen grundsätzlich keine Bedenken dagegen, daß der Inhaber eines Campingplatzes als Vermieter nach § 538 Abs. 1 BGB ohne Verschulden haftet, dann etwa, wenn der Campinggast infolge eines Fehlers der baulichen Einrichtungen des Platzes zu Schaden kommt. Nach Auffassung des Gerichts besteht aber die Besonderheit des vorliegenden Falles darin, daß die Gefahrenquelle, die zur Schädigung des Fahrzeugs des Klägers geführt hat, ihren Ursprung in den natürlichen Gegebenheiten des Platzes hatte und für niemanden erkennbar war. Denn nach dem äußeren Eindruck schien die Buche, die nicht zum Campingplatz selbst, sondern zum benachbarten Waldgrundstück gehörte, völlig gesund zu sein. Das OLG sieht deshalb in der Buche eine „von außen drohende Gefahr", die der Mietsache selbst nicht anhaftet und daher „nach der Verkehrsauffassung" nicht als Fehler der Mietsache i. S. der §§ 537, 538 BGB anzusehen sei. Aus diesem Grunde hat es eine Haftung des Campingplatz-Inhabers, den kein Verschulden traf, verneint.

## 3. Der „Fehler"-Begriff

Der Gegensatz in den beiden Entscheidungen beruht darauf, daß die Gerichte mit einem unterschiedlichen *Fehler-Begriff* arbeiten. Während

---

[11] Vgl. BGB-RGRK / *Gelhaar*, 12. Aufl. 1977, § 537, Rdnrn. 15—18; *Staudinger / Emmerich*, BGB II[12] (1978) § 537, Rdnrn. 2 ff.
[12] OLG Koblenz, NJW 1966, 2017.

das OLG Koblenz einen Fehler der Mietsache verneint, weil nicht der gemietete Campingplatz selbst, sondern nur der von außen auf den Platz einwirkende Baum schadhaft gewesen sei, hält der BGH den Hotelparkplatz gerade auch unter dieser Voraussetzung für fehlerhaft.

Demgegenüber beruht für *H. B. Rengier*[13] der Gegensatz der beiden Urteile in einer — wie er meint — entscheidenden Sachverhaltsabweichung: Im Falle des OLG Koblenz habe sich „der fragliche Baum, von dem der Ast herabgestürzt war, im Unterschied zu dem vom BGH entschiedenen Fall nicht auf dem Parkplatz selber" befunden, „sondern ragte vom Nachbargrundstück auf den Campingplatz". In einem solchen Fall sei „der Vermieter nicht verpflichtet, Schutzvorkehrungen zu treffen". „Ihr Fehlen" stelle „dann auch keinen Mangel dar". Aus diesem Grund billigt er die Campingplatz-Entscheidung des OLG Koblenz ebenso wie das Hotelparkplatz-Urteil des BGH.

Die Argumentation *Rengiers* baut auf der Unterstellung auf, im Falle des BGH habe die schadhafte Buche auf dem Hotelparkplatz gestanden. Demgegenüber geht der BGH von der Feststellung aus, daß der Baum „am Rande des Parkplatzes" stand. Die Buche befand sich also möglicherweise auf dem Parkplatz, möglicherweise aber gerade auch — wie im Falle des OLG Koblenz — außerhalb. Auf diesen Unterschied hebt jedenfalls der BGH selbst nicht ab. Der Hotelgast hatte ja auch nicht etwa den ganzen Hotelparkplatz gemietet, sondern nur die für seinen PKW benötigte Stellfläche. Selbst wenn daher der Baum auf dem Parkplatz gestanden haben sollte, so handelte es sich im Verhältnis zum Mietobjekt ebenso wie im Falle des OLG Koblenz um eine von außen drohende Gefahr. Wenn *Rengier* das Urteil des OLG Koblenz schließlich mit der Erwägung rechtfertigt, der Vermieter sei nicht verpflichtet gewesen, Schutzvorkehrungen zu treffen, so erklärt dies nur, daß keine deliktische Haftung wegen schuldhafter Verletzung einer Verkehrssicherungspflicht begründet ist, nicht aber, weshalb die verschuldensunabhängige Haftung des § 538 Abs. 1 BGB nicht eingreift.

Der von *Rengier* behauptete Sachverhaltsunterschied vermag demnach den Gegensatz der beiden Urteile nicht zu erklären. Es bleibt vielmehr dabei, daß das OLG Koblenz einen „Fehler" der Mietsache enger definiert als der BGH.

### 4. Der Hochwasser-Fall: BGH, NJW 1971, 424 und die Parkplatz-Fälle

Deshalb muß es überraschen, daß der BGH[14] einige Jahre, bevor seine Hotelparkplatz-Entscheidung erging, in einem anderen Zusammenhang

---
[13] *H. B. Rengier*, Die Abgrenzung des positiven vom negativen Interesse und vom Integritätsinteresse (1977) S. 69 f. mit Anm. 55.
[14] BGH, NJW 1971, 424 (425).

## I. Parkplatzmiete und Campingplatzmiete

den engeren Fehlerbegriff des OLG Koblenz in der Sache gebilligt hat. In der damaligen Entscheidung war zu prüfen, ob der Vermieter eines an einem Fluß gelegenen Lagerraumes dem Mieter nach § 538 Abs. 1 BGB haftet, dessen Waren durch in den Lagerraum eingedrungenes Hochwasser des Flusses beschädigt wurden. Da den Vermieter kein Verschulden traf, hing die Haftung davon ab, ob der Lagerraum bereits zum Zeitpunkt des Vertragsschlusses mangelhaft war. Der BGH hatte also die Frage zu beantworten, ob ein Lagerraum mangelhaft ist, weil er in unmittelbarer Nähe eines Flusses liegt, der möglicherweise Hochwasser führen wird.

Der BGH hat einen Fehler des Lagerraums unter der Voraussetzung verneint, daß mit dem Hochwasser nicht gerechnet werden konnte. Er hält zwar zunächst an der allgemeinen Formel fest, daß eine Mietsache nicht nur dann fehlerhaft sei, wenn der Fehler ihr selbst anhaftet, sondern auch dann, wenn tatsächliche oder rechtliche Verhältnisse gegeben sind, die mit der Mietsache zusammenhängen und sie in ihrer Tauglichkeit zum vertragsmäßigen Gebrauch unmittelbar beeinträchtigen. Sodann fügt der BGH aber einschränkend hinzu, ein Fehler liege nicht schon dann vor, wenn nur die Möglichkeit einer schädlichen Einwirkung von Naturkräften auf die Mietsache bestehe, jedenfalls dann nicht, wenn eine solche Einwirkung zur Zeit des Abschlusses des Mietvertrages nicht voraussehbar gewesen sei. In diesem Zusammenhang stellt der BGH unter Berufung auf die Campingplatz-Entscheidung des OLG Koblenz den allgemeinen Leitsatz auf: Eine Gefahrenquelle, die sich aus der Lage der Mietsache ergibt, aber nur unter außergewöhnlichen Umständen wirksam wird, stelle keinen Fehler der Mietsache dar.

Mit einer solchen Auffassung läßt sich das Hotelparkplatz-Urteil des BGH nicht vereinbaren. Wer einen Campingplatz neben einem schadhaften Baum nicht für fehlerhaft hält, weil die Gefahrenquelle nur unter außergewöhnlichen Umständen wirksam wird, kann nicht einen Hotelparkplatz als fehlerhaft ansehen, welcher der gleichen, ebenfalls nur unter außergewöhnlichen Umständen wirksam werdenden Gefahrenquelle ausgesetzt ist. Mithin sind die den beiden Entscheidungen zugrunde liegenden Fehler-Begriffe unvereinbar.

Daraus folgt indessen keineswegs, daß eines der beiden Urteile auch im Ergebnis verfehlt sein müßte. Es wird sich vielmehr zeigen, daß sowohl die Hotelparkplatz-Entscheidung des BGH als auch das Campingplatz-Urteil des OLG Koblenz Zustimmung verdienen. Zur Begründung bedarf es allerdings einer näheren Bestimmung der Garantiehaftung, wie sie der Gesetzgeber in § 538 Abs. 1 BGB angeordnet hat.

## II. Garantiehaftung für Mangelfolgeschäden

Der Umfang der Garantiehaftung des Vermieters ist seit jeher umstritten. Die Auseinandersetzung wird allerdings weniger über die Frage geführt, was als Fehler der Mietsache anzusehen ist. Erörtert wird vielmehr vor allem der Umfang des dem Mieter zu ersetzenden Schadens, den das Gesetz mit den Worten „Schadensersatz wegen Nichterfüllung" umschreibt[15].

### 1. Die Mindermeinung

Einige Autoren[16] sind der Ansicht, wenn das Gesetz „Schadensersatz wegen Nichterfüllung" anordne, so sei damit nur das besondere Interesse des Mieters gerade an der Erfüllung des Mietvertrages gemeint, nicht aber das allgemeine, unabhängig vom Mietvertrag bestehende sog. *Integritätsinteresse*. Der Vermieter müsse dem Mieter etwa die Mehrkosten für die Miete einer anderen, mangelfreien Mietsache oder den ihm entgangenen Gewinn ersetzen, nicht aber den Schaden, der durch die mangelhafte Mietsache an den Rechtsgütern des Mieters verursacht wird. Wenn der Mieter infolge der Mangelhaftigkeit der Mietsache einen Körperschaden oder — wie in den Parkplatzfällen — einen Eigentumsschaden erleidet, dann soll der Vermieter ihm nicht nach der verschuldensunabhängigen Einstandspflicht des § 538 Abs. 1 BGB haften. Solche *Mangelfolgeschäden*, früher „Begleitschäden", gelegentlich auch einfach „mittelbare Schäden" genannt, seien vielmehr nur bei *positiver Vertragsverletzung*, also bei schuldhafter Schlechterfüllung zu ersetzen.

Diese Meinung, die besonders ausgeprägt *Heinrich Siber*[17] vertreten hat, macht geltend, daß es für die vom Gesetzgeber getroffene Differenzierung, welche eine Garantiehaftung für anfängliche Mängel und eine Verschuldenshaftung für nachträgliche Mängel vorsieht, keinen sachlichen Grund gebe, wenn man in die ohnehin strenge Garantiehaftung auch noch die Mangelfolgeschäden einbeziehen wollte. Es leuchte nicht ein, weshalb etwa die Haftung eines Wohnungsvermieters gegenüber

---

[15] Zum Streitstand vgl. *Rengier* (Anm. 13) S. 21.

[16] *von Blume*, Der Schadensersatzanspruch des Käufers wegen Lieferung einer mangelhaften Sache und seine Verjährung, JherJb. 55 (1909) S. 225; *Oertmann* (Anm. 3); *Siber* (Anm. 8) S. 284; *Weimar*, Die Sachmängelhaftung im Mietrecht (1957) S. 20 ff.; *ders.*, Zum Umfang des Schadensersatzanspruches wegen Nichterfüllung gemäß § 538 BGB, MDR 1960, 556; *Enneccerus/Lehmann*, Recht der Schuldverhältnisse[15] (1958) S. 518; *Pieper*, Der Anspruch auf Schadensersatz wegen Nichterfüllung, JuS 1962, 463; *Köpcke*, Typen der positiven Vertragsverletzung (1965) S. 143 Anm. 7; *Todt*, Schadensersatzansprüche des Käufers, Mieters und Werkbestellers aus Sachmängeln (1970) S. 165 ff.; *ders.*, Die Schadensersatzansprüche des Käufers, Mieters und Werkbestellers bei Lieferung eines mangelhaften Vertragsobjekts, BB 1971, 680 ff.

[17] *Siber* (Anm. 8) S. 284; siehe unten S. 40, 59 f.

dem Mieter, der durch einen Mangel der Wohnung einen Körperschaden erleidet, strenger sein sollte, wenn der Mangel schon beim Vertragsschluß bestand, als wenn er erst zwischen Vertragsschluß und dem Einzug des Mieters, etwa beim Auszug des Vormieters, entstanden sei. Andernfalls müßte auch der Inhaber einer Mietbücherei ohne Verschulden haften, wenn der Mieter durch den Gebrauch des vorher von einem Kranken benutzten Buches angesteckt wird. Siber verwendet dieses von ihm erfundene Fallbeispiel geradezu als argumentum ad absurdum.

## 2. Die herrschende Lehre

Die soeben wiedergegebene Meinung hat sich indessen nicht durchzusetzen vermocht. Nach ständiger, bereits vom Reichsgericht[18] vertretener und vom BGH[19] übernommener Rechtsprechung, die von einem großen Teil der Literatur[20] gebilligt wird, sind in die Garantiehaftung des Vermieters auch alle Mangelfolgeschäden mit einbezogen. Das RG[21] hat den Vermieter einer Wohnung gegenüber der Mieterin, der ein bereits beim Vertragsschluß unsachgemäß befestigter Jalousiekasten auf den Kopf gefallen war, zum Ersatz der Heilungskosten verurteilt. Dabei hat das Gericht unter Hinweis auf Wortlaut, Sinn und Entstehungsgeschichte des § 538 ausgeführt, daß auch der hier geltend gemachte Körperschaden ein Schaden wegen Nichterfüllung im Sinne des Gesetzes sei.

Der BGH[22] hat sich die Rechtsprechung des RG erstmals im Autoscooter-Fall zu eigen gemacht: Der Vermieter eines Autoscooters wurde verurteilt, die Heilungskosten des Mieters zu ersetzen, der sich beim Zusammenprall mit einem anderen Scooterwagen durch ein scharfkantiges, ungeschütztes Eisen, das an seinem Wagen angebracht war, eine schwere Knieverletzung zugezogen hatte. Nach Auffassung des BGH wäre es eine willkürliche Auslegung des Gesetzes, wollte man in die Garantiehaftung des Vermieters nicht auch einen solchen Körperschaden mit einbeziehen. Während der Vermieter regelmäßig in der Lage sei, die Tauglichkeit des Mietgegenstandes zu dem vertragsmäßigen Gebrauch

---

[18] RGZ 81, 200 (203); 169, 84.
[19] BGH, NJW 1962, 908.
[20] *Soergel / Mezger*, BGB II[10] (Stand: 1957) § 538 Rdnr. 16; *Erman / Schopp*, BGB[6] (1975) § 538 Rdnr. 20; *Staudinger / Emmerich* (Anm. 11) Rdnr. 28; *Medicus*, Bürgerliches Recht[9] (1979) S. 161, Rdnr. 352; *ders.*, Vertragliche und deliktische Ersatzansprüche für Schäden aus Sachmängeln, Tübinger Festschrift für Kern (1968) S. 321; *Brox*, Besonderes Schuldrecht[7] (1980) S. 84 Rdnr. 170; *Brox / Elsing*, Die Mängelhaftung bei Kauf, Miete und Werkvertrag, JuS 1976, 3; *Trenk-Hinterberger*, Die Garantiehaftung des Vermieters — BGH, LM § 537 BGB Nr. 19 —, in: JuS 1975, 505 und die dort in Anm. 42 angegebenen; neuestens *Köhler*, Grundfälle zum Gewährleistungsrecht bei Kauf, Miete und Werkvertrag, JuS 1979, 649.
[21] RGZ 81, 200 (204).
[22] BGH, NJW 1962, 908.

zu überprüfen, solle sich der Mieter nach dem Sinn des Gesetzes auf diese Tauglichkeit verlassen dürfen. Dem Wesen des Mietvertrages entspreche es, daß der Mieter auch gegen eine Gefährdung vor Körper- oder Sachschäden geschützt werde. Andernfalls bestünde für ihn nur ein unvollkommener Rechtsschutz. Hätte der Gesetzgeber eine solche Einschränkung gewollt, dann hätte dies nach Auffassung des BGH im Gesetz ausdrücklich bestimmt werden müssen.

Die im Autoscooter-Fall begründete Rechtsprechung des BGH, wonach die Mangelfolgeschäden von der Garantiehaftung des Vermieters erfaßt seien, ist seitdem immer wieder bestätigt worden[23]. So liegt denn auch der Entscheidung des BGH im Hotelparkplatz-Fall diese weitergehende Interpretation des § 538 Abs. 1 BGB zugrunde. Auch das OLG Koblenz erkennt in seiner Campingplatz-Entscheidung die Garantiehaftung für Mangelfolgeschäden grundsätzlich an, entgeht ihr aber, wie dargelegt, im konkreten Fall durch einen eingeschränkten Fehlerbegriff. Das OLG Koblenz hätte seine Entscheidung auch mit der soeben wiedergegebenen Mindermeinung begründen können. Damit aber hätte es sich in einen offenen Gegensatz zur ständigen Rechtsprechung des BGH begeben. So wird denn auch das Urteil des OLG Koblenz von einigen Autoren[24] abgelehnt, die dem Gericht unterstellen, es habe in Wirklichkeit die als unerwünscht angesehene Garantiehaftung für Mangelfolgeschäden vermeiden wollen.

### 3. Die Meinung von Larenz und Diederichsen

*Larenz*[25], *Diederichsen*[26] und andere Autoren[27] schlagen eine vermittelnde Lösung des Problems vor: Grundsätzlich sollen die Mangelfolgeschäden in die Garantiehaftung mit einbezogen sein, ausnahmsweise aber dann nicht, wenn der Mangel der Mietsache auch bei äußerster Sorgfalt nicht zu erkennen war. Diese Meinung ist dadurch gekennzeichnet, daß sie den vom Gesetzgeber beseitigten gemeinrechtlichen Verschuldensmaßstab der *culpa levissima* wieder einführt[28]: Der Vermieter soll dann von der Haftung für Mangelfolgeschäden freibleiben, wenn

---

[23] BGH, NJW 1971, 424 (425 f.); BGHZ 49, 350 (355); BGH, NJW 1963, 1449; BGH, LM § 537 Nr. 19; BGHZ 63, 333. Vgl. auch OLG Köln, NJW 1964, 2020; OLG Düsseldorf, VersR 1974, 1113.

[24] *H.-J. Hoffmann*, NJW 1967, 51; *Brox / Elsing* (Anm. 20) S. 3; *Söllner*, JuS 1970, 161 Anm. 19.

[25] *Larenz* (Anm. 1) S. 184.

[26] *Diederichsen*, „Schadensersatz wegen Nichterfüllung" und Ersatz von Mangelfolgeschäden, AcP 165 (1965) S. 166 ff. (168).

[27] *Fikentscher*, Schuldrecht[6] (1976) S. 440; *Thiele*, Leistungsstörung und Schutzpflichtverletzung, JZ 1967, 655.

[28] *Hoffmann* (Anm. 24) S. 51; vgl. zu diesem Verschuldensmaßstab allgemein *Mayer-Maly*, Die Wiederkehr der culpa levissima, AcP 163 (1964) S. 114 ff.

## II. Garantiehaftung für Mangelfolgeschäden

ihm auch nicht der leichteste Vorwurf gemacht werden kann. Zur Begründung beruft sich diese Meinung auf den Schutzzweck des Gesetzes. Wäre der BGH im Hotelparkplatz-Fall dieser Auffassung gefolgt, dann wäre der Hotelier vermutlich von der Haftung frei geblieben[29]. Denn nach dem mitgeteilten Sachverhalt war der Zustand der Buche von außen nicht zu erkennen. Unter dieser Voraussetzung ist nicht ersichtlich, welche auch noch so geringe Sorgfaltspflichtverletzung der Vermieter begangen haben sollte. Der BGH[30] hatte jedoch eine solche Einschränkung der Garantiehaftung schon im Zusammenhang mit seiner Hochwasser-Entscheidung als mit dem Gesetz, und zwar gerade auch mit dem Sinn des Gesetzes unvereinbar zurückgewiesen. *Larenz*[31] wiederum hat in der zuletzt erschienenen Auflage seines Schuldrechtslehrbuchs an seiner Auffassung festgehalten.

### 4. Die Meinungen von Heck und Esser

Die von *Larenz* und *Diederichsen* vertretene differenzierende Problemlösung entspricht teilweise derjenigen, die bereits *Philipp Heck*[32] im Jahre 1929 entwickelt hat. *Heck* wendet sich zunächst gegen die Ansicht der Autoren, welche die Mangelfolgeschäden generell aus dem Bereich des § 538 ausgliedern wollen. Denn der Mieter wolle doch in erster Linie gerade gegen diese Schäden gesichert sein. Andererseits aber schlägt *Heck* vor, die hier angeordnete gesetzliche Garantie ebenso einschränkend auszulegen, wie eine vertragsmäßige Garantiezusage gegebenenfalls einschränkend auszulegen wäre. Würde etwa ein Wohnungsvermieter erklären, die Wohnung sei „in fehlerfreiem Zustand" übergeben, so wäre eine solche Garantiezusage, wie *Heck* sagt, „nach Treu und Glauben" nicht auf ganz unentdeckbare Fehler zu beziehen. Dasselbe müsse dann auch für die gesetzliche Garantie des § 538 Abs. 1 gelten. *Heck* schlägt noch einen zweiten Weg vor, der ebenfalls zu einer Einschränkung der Garantiehaftung führt, indem er — ähnlich Art. 43 des Schweizerischen Obligationenrechts — dem Richter ein Abwägungsrecht bei der Bemessung des Schadensersatzanspruchs zuerkennen will.

Während der Vorschlag eines richterlichen Abwägungsrechts bei der Schadensbemessung in der Literatur nicht wieder aufgegriffen worden ist, wird auch heute eine Meinung vertreten, die ganz im Sinne des zuerst genannten Vorschlags *Hecks* von Fall zu Fall zu differenzieren versucht. So lehrt insbesondere *Esser*[33], die Auslegung des jeweiligen Miet-

---

[29] Brox / Elsing (Anm. 20) S. 3; Söllner, JuS 1970, 161 Anm. 19.
[30] BGH, NJW 1971, 424 (425 f.).
[31] Larenz (Anm. 1).
[32] Heck (Anm. 6) S. 307 i. V. m. S. 141 f.
[33] Esser, Schuldrecht, BT⁴ (1971) S. 106; völlig anders Weyers in der 5. Aufl. des Lehrbuchs von Esser: Zunächst sagt er, es sei denkbar, daß die Garantie-

vertrags im Einzelfall entscheide darüber, ob ein Mangelfolgeschaden von der Garantiehaftung des Vermieters umfaßt wird oder nicht. Mit einer solchen fallbezogenen Auffassung lassen sich die auf den ersten Blick gegensätzlichen Entscheidungen des BGH im Hotelparkplatz-Fall einerseits und des OLG Koblenz im Campingplatz-Fall andererseits in Einklang bringen. Diese Meinung verdient, wie zu begründen sein wird, den Vorzug gegenüber der herrschenden Lehre, welche in allen Fällen sämtliche Mangelfolgeschäden in die Garantiehaftung einbeziehen will, aber auch gegenüber der Mindermeinung, die das Integritätsinteresse des Mieters niemals von dieser Haftung umfaßt sieht.

---

haftung für Mangelfolgeschäden im Einzelfall zu unbilligen Ergebnissen führe, „wenn man sie nicht zweckmäßig begrenzt". Andererseits aber sieht er aufgrund der bisherigen Fälle der Rechtsprechung „keinen Anlaß dazu, von der eindeutigen Entscheidung des Gesetzgebers abzuweichen." Deshalb billigt er die h. L. zu den Mangelfolgeschäden. Damit deutet *Weyers* an, man könne möglicherweise die Entscheidung des Gesetzgebers aus Billigkeitsgründen von Fall zu Fall korrigieren, wenn dies künftig einmal angemessen erscheinen sollte. Vgl. *Esser / Weyers*, Schuldrecht II, 1⁵ (1977) S. 148 f. Wie *Esser* in der 4. Aufl.: *Eike Schmidt*, Nachwort zu Rudolf von Jhering, Culpa in contrahendo; Hermann Staub, Die positiven Vertragsverletzungen (1969) S. 162; *Rengier* (Anm. 13) S. 67 ff.

## B. Römisches Recht: Weinfaßmiete und Pacht einer Viehweide

Eine kasuistische Behandlung der Sachmängelhaftung des Vermieters entspricht dem römischen Recht.

### 1. D. 19, 2, 19, 1 (Ulp. 32 ed.)

Die maßgebliche Quelle ist ein in die Digesten aufgenommener Auszug aus dem Ediktskommentar des spätklassischen Juristen Ulpian:
D. 19, 2, 19, 1 (Ulp. 32 ed.)

> Si quis dolia vitiosa ignarus locaverit, deinde vinum effluxerit, tenebitur in id quod interest nec ignorantia eius erit excusata; et ita Cassius scripsit. aliter atque si saltum pascuum locasti, in quo herba mala nascebatur: hic enim si pecora vel demortua sunt vel etiam deteriora facta, quod interest praestabitur, si scisti, si ignorasti, pensionem non petes; et ita Servio Labeoni Sabino placuit.

Hier werden zwei Fälle aus dem Problemkreis der Sachmängelhaftung des *locator* wiedergegeben, die von den römischen Juristen unterschiedlich behandelt werden: Wenn jemand unwissend schadhafte Weinfässer vermietet und infolgedessen der Wein ausläuft, dann haftet der Vermieter dem Mieter auf das Interesse, ohne daß seine Unkenntnis entschuldigt werden wird. Anders dagegen, wenn du eine Viehweide verpachtest, auf der giftige Gräser wachsen: Wenn in diesem Fall das Vieh eingeht oder erkrankt, dann wirst du das Interesse leisten, wenn du es gewußt hast. Hast du es nicht gewußt, dann wirst du keinen Pachtzins verlangen. Für beide Fälle beruft sich Ulpian bereits auf Juristen der vor- bzw. frühklassischen Zeit: Im zweiten Fall, dem Viehweide-Fall, werden der republikanische Jurist Servius, ein Zeitgenosse des Cicero, zitiert sowie Labeo und Sabinus, die Schulhäupter der frühklassischen Rechtsschulen der Prokulianer und Sabinianer. Der Gewährsmann Ulpians für den ersten Fall, den Weinfaß-Fall, ist der Sabinus-Schüler Cassius.

### 2. D. 19, 1, 6, 4 (Pomp. 9 Sab.)

Der in D. 19, 2, 19, 1 behandelte Weinfaß-Fall kehrt wieder in einem Pomponius-Fragment. Hier steht der Fall im Zusammenhang mit einer Auseinandersetzung über die Haftung des Verkäufers eines mangelhaften Gefäßes.

## B. Römisches Recht: Weinfaßmiete und Pacht einer Viehweide

**D. 19, 1, 6, 4 (Pomp. 9 Sab.)**

Si vas aliquod mihi vendideris et dixeris certam mensuram capere vel certum pondus habere, ex empto tecum agam, si minus praestes. sed si vas mihi vendideris ita, ut adfirmares integrum, si id integrum non sit, etiam id, quod eo nomine perdiderim, praestabis mihi; si vero non id actum sit, ut integrum praestes, dolum malum dumtaxat praestare te debere. Labeo contra putat et illud solum observandum, ut, nisi in contrarium id actum sit, omnimodo integrum praestari debeat; et est verum. quod et in locatis doliis praestandum Sabinum respondisse Minicius refert.

Im ersten Satz dieser Stelle erörtert Pomponius die Haftung des Verkäufers eines Gefäßes, der zugesichert hat, daß es ein bestimmtes Maß fasse oder Gewicht habe. Leistet der Verkäufer weniger als zugesichert, dann haftet er aus der Kaufklage auf den Minderwert. Danach behandelt Pomponius den Fall, daß das verkaufte Gefäß trotz Zusicherung der Mangelfreiheit nicht unversehrt ist. Zum Verkäufer gewandt, sagt der Jurist: Du wirst dem Käufer auch den Verlust ersetzen, den er infolge der Schadhaftigkeit des Gefäßes erleidet, wenn du erklärt hast, das Gefäß sei unversehrt. Ist dies aber nicht vereinbart, dann müssest du, so heißt es in indirekter Rede, nur für Arglist einstehen.

Im letzteren Fall war allerdings Labeo, wie Pomponius weiter mitteilt, anderer Meinung: Der Verkäufer müsse für die Unversehrtheit des Gefäßes auf jeden Fall, also auch ohne Zusicherung haften, es sei denn, daß etwas Gegenteiliges vereinbart ist. Dieser Auffassung stimmt Pomponius mit den Worten *et est verum* zu. Zur Begründung (*quod*) verweist er auf die durch Minicius überlieferte Ansicht des Sabinus, dessen Schüler Minicius war, zur Haftung des Vermieters von Weinfässern, also auf den Weinfaß-Fall der zuvor wiedergegebenen Digestenstelle D. 19, 2, 19, 1.

### 3. Arglisthaftung und Verschuldenshaftung

Die Interessehaftung des *locator* im Viehweide-Fall von D. 19, 2, 19, 1 leuchtet ohne weiteres ein. Wer eine Viehweide verpachtet, obwohl er weiß, daß sie für das Vieh schädliche Gräser hervorbringt, handelt arglistig. Die Interessehaftung des *locator* ist also eine *dolus*-Haftung. Das aber führt zu der Frage, weshalb in dem zuvor behandelten Weinfaß-Fall auch der redliche *locator* haftet, der die Schadhaftigkeit der Fässer nicht kennt.

In D. 19, 2, 19, 1 folgt auf die Aussage des Juristen, wonach der unwissende Vermieter von Weinfässern hafte, der Hinweis, daß seine Unkenntnis nicht entschuldigt werden wird (*nec ignorantia eius erit excusata*). Daraus könnte man schließen, daß die Haftung auf schuldhafter Unkenntnis des Mangels beruht. Dann wäre die Haftung des *locator* in diesem Fall eine *Verschuldens*-Haftung. So nimmt denn etwa Voci[34] den

### B. Römisches Recht: Weinfaßmiete und Pacht einer Viehweide

Weinfaß-Fall als Beleg für eine Haftung wegen schuldhaften Irrtums im römischen Recht.

Wenn diese Deutung als Verschuldenshaftung, die bereits von der Glosse[35] vertreten wurde, zutreffen sollte, dann müßte man sich fragen, weshalb nicht auch im Viehweide-Fall schuldhafte Unkenntnis des Mangels für die Interessehaftung des *locator* genügt, sondern Kenntnis vorausgesetzt wird. Daß in diesem Fall eine bloß schuldhafte Unkenntnis nicht vorliegen kann, läßt sich entgegen *Voci* kaum behaupten. Daß sie aber hier nicht zur Haftung ausreicht, erscheint ungereimt, wenn man die Haftung im Weinfaß-Fall als *culpa*-Haftung kennzeichnet.

Zahlreiche Autoren[36] schreiben deshalb den Satzteil *nec ignorantia eius erit excusata* den Kompilatoren zu. Diese hätten das Verschuldensmoment in die Stelle interpoliert und damit die klare Unterscheidung, die der klassische Jurist zwischen der Haftung des redlichen Vermieters im Weinfaß-Fall einerseits und der Haftung des dolosen Verpächters im Viehweide-Fall andererseits getroffen habe, verdunkelt.

Zwingend ist eine solche Interpolationsannahme freilich nicht. Der Satz *nec ignorantia eius erit excusata* kann nämlich auch den Sinn haben, daß die Unkenntnis in keinem Fall entlastet, daß es also im Weinfaß-Fall auf das Verschulden überhaupt nicht ankommt. Nun muß aber sowohl derjenige, der mit einer solchen Deutung den Satz für den klassischen Juristen rettet, als auch derjenige, der eine Interpolation für wahrscheinlicher hält, erst recht die Frage stellen, weshalb der *locator* von Weinfässern anders als der *locator* einer Viehweide trotz Unkenntnis des Mangels haftet.

---

[34] *Voci*, L'errore nel diritto romano (1937) S. 250 f. (251); *Provera*, Contributi alla teoria dei iudicia contraria (1951) S. 106 f. Anm. 58. Eine Verschuldenshaftung, nämlich eine solche für Fahrlässigkeit, nimmt auch *Liebs* an: Römisches Recht (1975) S. 244.

[35] Auf die Frage nach dem Grund für die beiden Fallentscheidungen in D. 19, 2, 19, 1 antwortet die Glosse: quia in doliis ignorare non debuit, in pascuis vero iuste potuit ignorare. Vgl. *Accursii* Glossa in Digestum Vetus, zu D. 19, 2, 19, 1 = Corpus Glossatorium Iuris Civilis VII, 1969, S. 288. Ähnlich *Odofredus*, In secundam Digesti veteris partem, Lugduni 1552, zu D. 19, 2, 19, 1: Illa est ratio cum quis locat dolia sua tenetur scire vitium dolii sui et conservat bonum vel malum vinum vel integrum vel non, et in facto suo non est tolerabilis ignorantia, sed in pascuis quis iuste potuit ignorare: quia homines non degustant herbam prati sui et nemo potest esse ita diligens quod possit scire: unde in primo casu ignoravit locator qui scire potuit et debuit, ideo punitur, in secundo casu non debet puniri. Vgl. dazu *Costa*, La locazione di cose nel diritto romano (1915, rist. 1966) S. 42 Anm. 1. Vgl. auch *H. Dilcher*, Die Theorie der Leistungsstörungen bei Glossatoren, Kommentatoren und Kanonisten (1960) S. 239.

[36] *Haymann*, Die Haftung des Verkäufers für die Beschaffenheit der Kaufsache I (1912) S. 97; *Heldrich*, Das Verschulden beim Vertragsschluß im klassischen römischen Recht und in der späteren Rechtsentwicklung (1924) S. 21; *Beseler*, SZ (Rom. Abt.) 51 (1931) S. 70; *Kunkel*, SZ 45 (1925) S. 327 Anm. 4; ders., SZ 46 (1926) S. 287 Anm. 2; *Monier*, Manuel élémentaire de droit romain

### 4. Garantiehaftung

Die Antwort läßt sich aus dem Zusammenhang entnehmen, in dem der Weinfaß-Fall im Pomponius-Fragment D. 19, 1, 6, 4 behandelt wird: Diesem Fall liegt nicht der Gedanke der Verschuldens-, sondern der der Garantiehaftung zugrunde. Pomponius berichtet von einer schon zur Zeit des Labeo, also in frühklassischer Zeit geführten Kontroverse über die Voraussetzungen der Haftung des Verkäufers eines schadhaften Gefäßes für den durch die Schadhaftigkeit entstandenen Verlust des Käufers. Nach der einen Meinung haftete der Verkäufer entweder bei Zusicherung der Unversehrtheit oder bei Arglist. Labeo soll dagegen grundsätzlich auch ohne Zusicherung eine Einstandspflicht des Verkäufers für begründet gehalten haben[37]. Diese Meinung erklärt Pomponius als zutreffend *(et est verum)*.

a) Wenn Pomponius die Meinung des Labeo billigt, kann er nicht zugleich die Auffassung vertreten haben, von der Labeo abweicht. Deshalb gibt der dem *Labeo contra putat* vorangehende Satz, bei fehlender Zusicherung hafte der Verkäufer nur für Arglist, nicht die Meinung des Pomponius wieder, sondern die eines Dritten. Dies legt auch die Konstruktion dieses in indirekter Rede geschriebenen Satzes als accusativus cum infinitivo nahe[38]. Daß das Zitat des Juristen, der die von Labeo und Pomponius abweichende Meinung vertreten hat, im Digestentext fehlt, beruht wahrscheinlich auf einem Eingriff der Kompilatoren, denen möglicherweise daran gelegen war, die Meinung, die auch sie ablehnten, durch Vertuschen der juristischen Autorität, die sie vertreten hat, abzuwerten.

Es läßt sich daher nicht mit Bestimmtheit sagen, wer diese Meinung vertreten hat. Sicher geht sie auf die Zeit des Labeo zurück, von dem ja gesagt wird: *contra putat*. Gut denkbar ist deshalb eine Kontroverse zwischen Labeo als dem Begründer der Prokulianer und einem Mitglied der konkurrierenden Rechtsschule der Sabinianer, vielleicht Sabinus selbst[39]. Dazu paßt, daß Sabinus auch im Schlußsatz der Stelle mittelbar über seinen Schüler Minicius zitiert wird. Mit diesem Satz begründet *(quod et)* Pomponius die von ihm geteilte, aber bestrittene Meinung des Labeo zur Haftung des Verkäufers eines mangelhaften Gefäßes mit der offen-

---

II (1954, Nachdr. 1970) S. 171; *von Lübtow*, Zur Frage der Sachmängelhaftung im römischen Recht, Studi Paoli (1954) S. 491; *Mayer-Maly*, Locatio Conductio, Eine Untersuchung zum klassischen römischen Recht (1956) S. 169 (= Wiener Rechtsgeschichtliche Arbeiten, IV); *Stein*, Fault in the formation of contract in Roman law and Scots law (1958) S. 101.

[37] Dies bezweifelt vor allem *Stein* (Anm. 36) S. 49 f.
[38] *von Lübtow* (Anm. 36) S. 89 mit Anm. 3 ergänzt: „quibusdam videbatur".
[39] *Stein* (Anm. 36) S. 50. Er meint allerdings, Labeo und Sabinus hätten übereingestimmt. *Liebs* (Anm. 34) S. 243 ergänzt: „Iulianus ait".

bar unstreitigen Meinung des Sabinus zur Haftung des Vermieters undichter Weinfässer[40].

b) Die in D. 19, 1, 6, 4 wiedergegebene Kontroverse über die Interessehaftung des Verkäufers eines Gefäßes wurde über die Frage geführt, ob der Verkäufer — vom Fall des *dolus* abgesehen — nur bei besonderer Zusicherung der Unversehrtheit *(si vas mihi vendideris ita, ut adfirmares integrum)* haftet oder ob eine solche Einstandspflicht auch ohne eine solche Vereinbarung *(si vero non id actum sit)* auf jeden Fall *(omnimodo)* anzunehmen ist.

Hat der Verkäufer die Unversehrtheit zugesichert, dann erklärt sich seine Interessehaftung am besten als Garantiehaftung. Wenn Labeo und Pomponius beim Verkauf eines Gefäßes eine solche Haftung *omnimodo* für begründet halten, dann werden sie in diesem besonderen Fall eine konkludente Zusicherung der Unversehrtheit bereits aus dem Kaufvertrag selbst gefolgert haben. Und wenn Pomponius in diesem Zusammenhang auf den Fall der Vermietung von Weinfässern verweist, dann paßt der Vergleich nur, wenn auch dort eine Garantiepflicht besteht, die aus dem Mietvertrag selbst abgeleitet, nicht also auf eine besonders erklärte Zusicherung gestützt wird. Damit ist aber auch für den Weinfaß-Fall in D. 19, 2, 19, 1 die Schlußfolgerung unabweisbar, daß der Haftung des redlichen Vermieters der Gedanke der Garantiehaftung zugrunde liegt[41].

### 5. Garantiehaftung und Arglisthaftung

Läßt sich die Interessehaftung des *locator* von Weinfässern als Garantiehaftung kennzeichnen, dann stellt sich die weitere Frage, weshalb die römischen Juristen in diesem Fall eine Garantiepflicht ohne besondere Zusicherung für begründet hielten.

a) In der romanistischen Literatur werden dafür verschiedene Erklärungsmöglichkeiten angeboten. So hält *Karlowa*[42] eine Entwicklung für wahrscheinlich, wonach früher die Haftung darauf beruhte, daß der

---

[40] Anders *Mayer-Maly* (Anm. 36) S. 168 f., der meint, Pomponius verweise darauf, daß die Lehre des Labeo nach Ansicht des Sabinus auch für die Faßvermietung gelte. Ähnlich *Stein* (Anm. 36) S. 104. Es geht jedoch nicht um die bloße Mitteilung, daß die bestrittene Meinung des Labeo von Sabinus für die Faßvermietung übernommen wurde. Vielmehr begründet *(quod)* Pomponius, weshalb er der Meinung des Labeo folgt, indem er auf die offenbar unstreitige Meinung des Sabinus zur Faßvermietung verweist.

[41] Ebenso: *Karlowa*, Römische Rechtsgeschichte II (1901) S. 640; *Kunkel*, SZ 46 (1926) S. 287 Anm. 2; *Kaser*, SZ 73 (1956) S. 430 Anm. 23; ders., SZ 74 (1957) S. 166; *Mayer-Maly* (Anm. 36) S. 170; *Dilcher* (Anm. 35) S. 228; *Medicus*, Id quod interest (1962) S. 155 Anm. 3; *H. Honsell*, Quod interest im bonae fidei iudicium (1969) S. 134; ders., Jura 1979, 196 Anm. 80. Dagegen *von Lübtow* (Anm. 36) S. 490, der gegenüber der Garantiehaftung den Gedanken einer „gerechten Risikoverteilung" hervorhebt.

[42] *Karlowa* (Anm. 41).

Vermieter von Weinfässern regelmäßig in einer *lex locationis* ausdrücklich zugesichert habe, die *dolia* seien *integra*, und später, auch wenn diese Zusage unterlassen war, habe behauptet werden können, dies sei als stillschweigend zugesichert anzusehen. Auf diese Weise hätten sich ständig wiederholte *accidentalia negotii* allmählich in *naturalia negotii* verwandelt. Demgegenüber vermutet *Mayer-Maly*[43] den Grund für die Garantiehaftung darin, daß bei undichten Weinfässern das Auslaufen des Weines der typische Schaden sei und beim Mieter am meisten ins Gewicht falle, während im Viehweide-Fall der Verlust des Viehs kein typischer Schadensfall sei. *Honsell*[44] schließlich hält im Weinfaß-Fall eine Garantie des Vermieters deshalb für naheliegend, weil der Mieter sich von der Dichtigkeit der in den Erdboden eingelassenen Weinfässer nicht überzeugen konnte.

All diese Deutungsversuche sind durchaus plausibel. Welcher den Vorstellungen der römischen Juristen am nächsten kommt, muß wohl dahingestellt bleiben. Für Ulpian jedenfalls ist es offenbar entscheidend, aber auch genügend, daß er sich sowohl für die Entscheidung des Weinfaß-Falles als auch für diejenige des Viehweide-Falles bereits auf vor- bzw. frühklassische Autoritäten berufen kann.

b) Eine Textinterpretation von D. 19, 2, 19, 1 hat nach alledem davon auszugehen, daß die römischen Juristen die Mängelhaftung des *locator* kasuistisch behandelten: Im einen Fall nahmen sie eine Garantiehaftung, im anderen eine *dolus*-Haftung an. Auf keinen Fall ist es deshalb angängig, die beiden Fallentscheidungen für die Zeit des klassischen römischen Rechts als „widersprüchlich" in Frage zu stellen und mit Hilfe der Textkritik die unterschiedlichen Lösungen zu harmonisieren. So setzt *Haymann*[45] im Weinfaß-Fall an die Stelle des überlieferten *ignarus* das Wort *sciens* und korrigiert auf diese Weise die Haftung des *locator* zur Kenntnishaftung, um sie der Kenntnishaftung im Viehweide-Fall anzugleichen. Gerade umgekehrt verfährt *Beseler*[46]: Er ersetzt die Worte *aliter atque*, mit denen der Viehweide-Fall eingeleitet und zugleich gegen den Weinfaß-Fall abgehoben wird, durch das gleichschaltende Wort *item*, streicht dazu noch am Schluß des Textes die Passage *si scisti - petes* und erreicht so die Übereinstimmung der Lösung des Viehweide-Falles mit derjenigen des Weinfaß-Falles.

Eine solche Textkritik vermag ebensowenig zu überzeugen wie die auf die verschiedenen Fallentscheidungen gestützte Behauptung[47], die Römer

---

[43] *Mayer-Maly* (Anm. 36) S. 170.
[44] *Honsell*, Quod interest (Anm. 41) S. 134; ders., Jura 1979, 196 Anm. 80.
[45] *Haymann* (Anm. 36) S. 96; dagegen vgl. z. B. *Mayer-Maly* (Anm. 36) S. 169.
[46] *Beseler*, SZ 51 (1931) S. 70.
[47] *Heldrich* (Anm. 36) S. 21; ähnlich *Stein* (Anm. 36) S. 102; dagegen vgl. *Mayer-Maly* (Anm. 36) S. 169.

hätten die Haftung für Sachmängel bei der *genus*-Miete anders behandelt als bei der *species*-Miete. Alleiniger Erklärungsgrund für die unterschiedlichen Fallentscheidungen sind vielmehr die verschiedenen Sachverhalte selbst. Mit der *actio conducti* stand den Römern eine Prozeßformel zur Verfügung, die als ein *bonae fidei iudicium* eine von Fall zu Fall unterschiedliche Einstandspflicht des *locator* für Sachmängel jedenfalls rechtstechnisch ermöglichte. Und Kennzeichen der klassischen Jurisprudenz ist gerade eine solche Kasuistik, wie sie aus D. 19, 2, 19, 1 deutlich wird.

### 6. Id quod interest

In D. 19, 1, 6, 4 ist der Umfang der Haftung des Verkäufers eines schadhaften Gefäßes gegen die zuvor behandelte Haftung des Verkäufers eines Gefäßes, das nicht das zugesicherte Maß oder Gewicht hat, abgehoben. Während letzterer nur auf den Minderwert haftet (*si minus praestes*), wird von ersterem gesagt, er müsse auch ersetzen, was der Käufer wegen der Schadhaftigkeit des Gefäßes verloren hat (*etiam id, quod eo nomine perdiderim, praestabis mihi*). Die Haftung des Vermieters schadhafter Weinfässer ist nach den Worten Ulpians in D. 19, 2, 19, 1 gerichtet auf *id quod interest*. Diese Interesse-Klausel steht in unmittelbarem Zusammenhang mit einem konkret angegebenen Schadensfall: *vinum effluxit*. Folglich ist hier mit *id quod interest* der Wert des ausgelaufenen Weines gemeint[48]. Da man annehmen darf, daß der im Schlußsatz von D. 19, 1, 6, 4 behandelte Weinfaß-Fall derselbe ist wie in D. 19, 2, 19, 1, geht es auch hier um einen solchen Verlust des Mieters. Und weil Pomponius den Fall der Weinfaß-Vermietung als Argument für den Gefäß-Verkauf heranzieht, umfaßt der Schaden, der mit *id quod eo nomine perdiderim* umschrieben ist, jedenfalls auch den Wert der Flüssigkeit, die der Käufer infolge der Schadhaftigkeit des Gefäßes verloren hat.

Die modernrechtliche Dogmatik bezeichnet einen solchen Schaden, der infolge der Mangelhaftigkeit der Kauf- oder Mietsache an den Rechtsgütern des Käufers oder Mieters entsteht, als „Mangelfolgeschaden". Soweit die römischen Juristen in den genannten Fällen eine Garantiehaftung des *venditor* oder *locator* für begründet halten, gehen sie davon aus, daß ein solcher „Mangelfolgeschaden" von der Haftung umfaßt ist. Das gleiche gilt für die Fälle der *dolus*-Haftung: Ein Mangelfolgeschaden des Pächters ist in D. 19, 2, 19, 1 auch der durch die mangelhafte Viehweide eingetretene Verlust des Viehs, der ebenfalls mit *quod interest* umschrieben ist.

Dieser Hinweis auf den Umfang des Interesses, das in den genannten Beispielen erörtert wird, greift nicht grundsätzlich in die Diskussion

---
[48] Ebenso *Medicus* (Anm. 41) S. 155 f.

über die Bedeutung der Interesseklausel *id quod interest* im römischen Recht ein, die durch die grundlegenden Untersuchungen von *Medicus*[49] und *Honsell*[50] eröffnet worden ist. Denn daß mit der *quod interest*-Formel auch die sog. Mangelfolgeschäden erfaßt werden, ist unstreitig.

*Honsell* ist allerdings der Meinung[51], die Interesse-Klausel sei „mit dem heutigen sogenannten Erfüllungsinteresse identisch". Der Kläger werde „so gestellt, wie wenn sein Interesse nicht verletzt worden wäre, d. h. wie wenn ihm kein Nachteil zugefügt worden und kein Vorteil entgangen wäre". Mit *quod interest* würden zwar auch Mangelfolgeschäden ersetzt. Die Formel werde aber nicht verwandt, wenn es nur um den Ersatz von solchen Schäden gehe. Dabei beruft sich *Honsell*[52] auch auf D. 19, 2, 19, 1: Ulpian hätte hier nicht von *quod interest* gesprochen, wenn er damit nur den Wert der Flüssigkeit gemeint habe. Wahrscheinlicher sei, daß er durch die Interesseformel „dem Geschädigten die Möglichkeit eröffnen wollte, den Wert des Weines in einem für später geplanten Verkaufszeitpunkt zu erlangen". Dem ist entgegenzuhalten, daß der Text selbst eine solche Deutung zwar nicht ausschließt, aber auch nicht nahelegt. *Id quod interest* bezeichnet hier nicht mehr als den Schaden, der im ersten Teil der Stelle mit *vinum effluxit* und im zweiten Teil mit *pecora vel demortua sunt vel etiam deteriora facta* umschrieben ist. Ein Beleg ist D. 19, 2, 19, 1 darum für die These *Honsells* nicht[53].

---

[49] *Medicus* (Anm. 41).
[50] *Honsell* (Anm. 41).
[51] *Honsell* (Anm. 41) S. 89 u. 174.
[52] *Honsell* (Anm. 41) S. 135.
[53] Zur Kritik an *Honsells* quod interest-Lehre vgl. in anderem Zusammenhang *Kupisch*, Id quod interest bei Nichterfüllung und Verzug des Käufers, TRG 43 (1975) S. 1 ff., und *J. G. Wolf*, Barkauf und Haftung, TRG 45 (1977) S. 1 ff.

## C. Die Entstehung der gesetzlichen Garantiehaftung

Der BGB-Gesetzgeber hat, indem er durch § 538 Abs. 1 die Garantiehaftung des Vermieters für anfängliche Mängel der Mietsache anordnete, gleichsam die Lösung des Weinfaß-Falles in D. 19, 2, 19, 1 zur allgemeinen Regel erhoben[54].

### I. Der bisherige Rechtszustand

Damit hat der Gesetzgeber den Rechtszustand des 19. Jahrhunderts verändert.

#### 1. Gemeines Recht

Im Mittelpunkt der gemeinrechtlichen Auseinandersetzung[55] über Voraussetzung und Umfang der Interessehaftung des Vermieters für Sachmängel stand die Digestenstelle D. 19, 2, 19, 1.

##### a) Lehre

Über die Auslegung dieser Stelle herrschte unter den Pandektisten keine einheitliche Auffassung. Einige Autoren hielten die Interessehaftung des *locator* nur bei Verschulden für begründet. So sieht *von Jhering*[56] insbesondere auch in dem Weinfaß-Fall ein Beispiel einer Haftung für *culpa in contrahendo*. Nach der Digestenstelle werde der Vermieter in diesem Fall zwar verpflichtet, schlechthin für den Schaden einzustehen, der durch die schadhaften Weinfässer entsteht. Der unwissende Vermieter könne aber, so folgert *v. Jhering* aus den Worten *nec ignorantia eius erit excusata*, entschuldigt sein, dann nämlich, wenn er die Schadhaftigkeit der Weinfässer von außen nicht habe wahrnehmen können. Mit ähnlicher Begründung gelangt auch *Sintenis*[57] zur Verschuldenshaftung: Im Weinfaß-Fall hafte der *locator* zwar ohne Rücksicht darauf, ob er die Mangelhaftigkeit der Fässer gekannt habe oder

---

[54] Vgl. *Honsell* (Anm. 9) S. 196 Anm. 80.

[55] Einen zusammenfassenden Überblick bietet die Kommission zur Ausarbeitung des Entwurfes eines bürgerlichen Gesetzbuches für das Deutsche Reich, Recht der Schuldverhältnisse II, Vorlage des Redaktors *von Kübel* (1882) S. 21 zu Art. 545.

[56] *v. Jhering*, Culpa in contrahendo oder Schadensersatz bei nichtigen oder nicht zur Perfection gelangten Verträgen, JherJb. 4 (1861) S. 39 Anm. 39.

[57] *Sintenis*, Das practische gemeine Civilrecht II³ (1868) S. 664 f.

nicht. Der Viehweide-Fall beweise jedoch, daß der Vermieter entschuldigt sein könne, wenn er die Mangelhaftigkeit des Mietgegenstandes nicht gekannt habe. *Brinz*[58] zieht aus den beiden Fällen von D. 19, 2, 19, 1 die Folgerung, daß den Vermieter die Interessehaftung treffe, wenn er den Fehler der Mietsache gekannt habe oder wenn die Fehlerhaftigkeit von der Art sei, daß er sie so gut kennen mußte wie die vermietete Sache selbst. Und *Arndts*[59] sagt ganz allgemein, der Vermieter hafte dem Mieter für jedes Verschulden.

Demgegenüber genügt nach der Lehre *Friedrich Mommsens*[60] das einfache Verschulden des *locator* für die Interessehaftung grundsätzlich nicht. Vielmehr zeige das in dem Viehweide-Fall zum Ausdruck kommende Prinzip, daß die Haftung *dolus* oder *culpa lata* voraussetze. Die unbedingte Einstandspflicht im Weinfaß-Fall beruhe auf einem Sonderrecht für die Faßvermietung.

Gegen diese Interpretation von D. 19, 2, 19, 1 hat wiederum *Leonhard*[61] eingewandt, das klassische römische Recht habe eine Abneigung gegen zwecklose Sondervorschriften gehabt. Wahrscheinlicher ist für *Leonhard* eine Deutung der Digestenstelle, wonach der Vermieter dann unbedingt für die Eigenschaft der Mietsache einstehen müsse, wenn der Mieter wie im Weinfaß-Fall deren vorherige Prüfung voraussetzen durfte. Demgegenüber könne dem Vermieter einer Viehweide vernünftigerweise nicht angesonnen werden, er solle das Weidekraut auf seine Verdaulichkeit überprüfen.

*Windscheid*[62] schließlich hat aus der Digestenstelle D. 19, 2, 19, 1 den Lehrsatz abgeleitet, der Vermieter hafte dem Mieter auf das Interesse, „wenn er den Fehler arglistigerweise verschwiegen hat, ferner wenn er die Abwesenheit desselben ausdrücklich oder stillschweigend zugesagt hat".

b) Rechtsprechung

Auch die gemeinrechtliche Praxis behandelt die Voraussetzungen für die Interessehaftung des Vermieters nicht einheitlich. Die Gerichte verlangen in den Fällen, die sie zu entscheiden hatten, durchweg ein schuldhaftes Verhalten des Vermieters. In einem Fall wird sogar auf die Kenntnis des Mangels abgestellt.

---

[58] *Brinz*, Lehrbuch der Pandekten II, 1² (1879) S. 755 f. Anm. 20.
[59] *Arndts*, Lehrbuch der Pandekten⁹ (1877) S. 533.
[60] *Fr. Mommsen*, Beiträge zum Obligationenrecht I, Die Unmöglichkeit der Leistung in ihrem Einfluß auf obligatorische Verhältnisse (1853) S. 212; ders., Erörterungen aus dem Obligationenrecht II, Über Haftung der Contrahenten bei der Abschließung von Schuldverträgen (1879) S. 27 f.
[61] *Leonhard*, ZHR 26 (1881) S. 288 f.
[62] *Windscheid*, Lehrbuch der Pandekten II⁷ (1891) S. 445 f.

## I. Der bisherige Rechtszustand

Nach Auffassung des *OAG zu Dresden* ist eine Interessehaftung des Vermieters nur bei *dolus* oder *culpa* begründet. Das Gericht hatte im Jahre 1847[63] über die Schadensersatzforderung eines Klägers zu entscheiden, der einen Keller gemietet hatte, in dem alsbald die Decke einstürzte, so daß der dort lagernde Wein des Mieters verlorenging. Das OAG begründet die Verschuldenshaftung des Vermieters mit dem Weinfaß-Fall in D. 19, 2, 19, 1. Dieser Fall zeige zwar, daß schuldhaftes Verhalten auch dann vorkommen könne, wenn der Vermieter von der Fehlerhaftung der Mietsache keine Kenntnis hatte, dann nämlich, wenn die Unkenntnis nicht entschuldbar sei *(nec ignorantia eius erit excusata)*. Doch im gegebenen Fall könne von einer schuldhaften Unkenntnis keine Rede sein, weil keine Gesetzesvorschrift den Hauseigentümer verpflichte, die Beschaffenheit des Hauses von Zeit zu Zeit durch Sachverständige untersuchen zu lassen.

Einen ähnlichen Fall hatte das *OAG zu Lübeck* einige Jahre später[64] zu entscheiden. Hier ging es um die Interessehaftung des Vermieters eines Kornspeichers, der plötzlich eingestürzt war, so daß die auf dem Speicher lagernden Waren des Mieters beschädigt wurden. Das OAG geht von einer in der Regel anzunehmenden Verschuldenshaftung und einer nur ausnahmsweise begründeten Garantiehaftung des Vermieters aus. Der geschädigte Mieter hatte unter Berufung auf den Weinfaß-Fall in D. 19, 2, 19, 1 geltend gemacht, die Haftung sei auch ohne Verschuldensnachweis begründet. Dieser Argumentation ist das OAG jedoch nicht gefolgt, weil es den zu entscheidenden Fall mit dem Weinfaß-Fall der Digesten für nicht vergleichbar hielt. Während nämlich die Entscheidung des Weinfaß-Falles darauf beruhe, daß der Vermieter die Unversehrtheit der Fässer stillschweigend zugesichert habe, gebe es für die Annahme einer solchen Zusicherung bei der Vermietung eines Kornspeichers keine hinlänglichen Gründe.

Das *OAG zu Kassel*[65] schließlich hat im Jahre 1861 einen Fall entschieden, in dem es die Interessehaftung des Vermieters damit begründet, daß er den Mangel der Mietsache gekannt habe. In diesem Fall hatte der Mieter einen Pferdestall gemietet, der wegen Baufälligkeit eingestürzt war, so daß die darin untergebrachten Pferde des Mieters erschlagen wurden.

### c) Der Umfang der Interessehaftung

Was den Umfang der Interessehaftung betrifft, so war unter den Pandektisten streitig, ob der Vermieter das *Vertrauensinteresse*[66] oder das

---

[63] OAG zu Dresden, SeuffArch. 1 (1847) Nr. 338.
[64] OAG zu Lübeck, SeuffArch. 7 (1854) Nr. 31. Das Datum des Urteils ist hier mit 5. 5. 1826 angegeben, was wohl ein Druckfehler ist.
[65] OAG zu Kassel, SeuffArch. 16 (1863) Nr. 214.

*Erfüllungsinteresse*[67] des Mieters zu ersetzen habe. Unabhängig von diesem Streit waren sich die Pandektisten aber offenbar darüber einig, daß Mangelfolgeschäden von der Interessehaftung erfaßt werden. Denn die gemeinrechtliche Auseinandersetzung über Voraussetzung und Umfang der Mängelhaftung des Vermieters wurde auf der Grundlage der Digestenstelle D. 19, 2, 19, 1 geführt, in der es um den Ersatz von Mangelfolgeschäden geht[68].

Daß solche Schäden einzubeziehen sind, wenn die Interessehaftung des Vermieters einmal begründet ist, bestätigen auch die Beispiele aus der Rechtsprechung. Die Gerichte erklären dies zwar nicht ausdrücklich. Doch in den genannten Fällen geht es gerade um den Ersatz von Mangelfolgeschäden: Verlust des in dem gemieteten Keller lagernden Weines[69], der auf dem gemieteten Kornspeicher lagernden Waren[70], der in dem gemieteten Pferdestall untergebrachten Pferde[71].

### 2. *Gesetzgebungen und Entwürfe*

Mit der Entscheidung für eine allgemeine Garantiehaftung des Vermieters für anfängliche Mängel der Mietsache ist der BGB-Gesetzgeber einer entsprechenden Regelung des *französischen Code civil* von 1804 gefolgt[72]:

Art. 1721

Il (le bailleur) est dû garantie au preneur pour tous les vices ou défauts de la chose louée, qui en empêchent l'usage, quand même le bailleur ne les aurait pas connus lors du bail.

S'il résulte de ces vices ou défauts quelque perte pour le preneur, le bailleur est tenu de l'indemniser.

Demgegenüber sehen die übrigen, vom Gesetzgeber in seine Materialien einbezogenen Gesetzgebungen und Gesetzgebungsentwürfe[73] durchweg eine Verschuldenshaftung vor. Bisweilen wird vorausgesetzt, daß der Vermieter von dem Mangel der Mietsache Kenntnis hatte.

---

[66] So *Fr. Mommsen* (Anm. 60).
[67] So *Windscheid* (Anm. 62).
[68] Siehe oben S. 27 f.
[69] Fall des OAG zu Dresden (Anm. 63).
[70] Fall des OAG zu Lübeck (Anm. 64).
[71] Fall des OAG zu Kassel (Anm. 65).
[72] Motive II (1888) S. 376 = *Mugdan* II (1899) S. 209. Vgl. auch *Partsch*, JW 1921, 335 und *Trenk-Hinterberger* (Anm. 20) S. 502. Demgegenüber zitiert *Honsell* (Anm. 9), Jura 1979, 196 Anm. 81, den Art. 1721 Code civil irrtümlicherweise als einen Fall von Verschuldenshaftung.
[73] Kommission zur Ausarbeitung des Entwurfs eines BGB (Anm. 55) S. 22—27.

## I. Der bisherige Rechtszustand

Das *preußische ALR* von 1794[74] und das *sächsische BGB* von 1863/65[75] enthalten Regelungen, wonach der Vermieter dem Mieter zum Schadensersatz im Falle schuldhafter Nichtgewährung des vertragsmäßigen Gebrauchs verpflichtet ist. — Im *österreichischen ABGB* von 1811 folgt die Haftung des Vermieters für verschuldete Mängel der Mietsache mangels einer Sonderregelung im Mietrecht (Bestandvertrag) aus den allgemeinen Bestimmungen über entgeltliche Verträge[76]. — Das *Schweizerische Obligationenrecht* von 1881 ordnet in Art. 277 Abs. 3 die Schadensersatzpflicht des Vermieters für den Fall an, daß durch sein Verschulden die Mietsache in einem Zustand übergeben wird, welche den vertragsmäßigen Gebrauch ausschließt oder in erheblicher Weise schmälert. Dieser Regelung entspricht heute Art. 255 Abs. 2 des Obligationenrechts von 1911. Hier ist die Schadensersatzpflicht zwar nur auf den Fall bezogen, daß die Mietsache erst während der Mietzeit in einen Zustand gerät, der den vertragsmäßigen Gebrauch ausschließt oder schmälert (Art. 255 Abs. 1). Rechtsprechung und Lehre sind sich aber einig[77], daß dies auch für den Fall gilt, daß der Sachmangel schon beim Vertragsschluß bestand, wenn den Vermieter ein Verschulden trifft.

Der *hessische Entwurf eines BGB* von 1845[78], der *bayerische Entwurf des BGB* von 1861/64[79] und der *Dresdener Entwurf eines allgemeinen deutschen Gesetzes über Schuldverhältnisse* von 1866[80] knüpfen die Interessehaftung des Vermieters an dessen Kenntnis des Mangels. Dabei unterscheidet der Dresdener Entwurf (Art. 545 Abs. 2) zwischen dem

---

[74] I, 21 § 273. Hier ist die Schadensersatzpflicht des Vermieters oder Verpächters angeordnet, ohne daß von einem Verschulden die Rede ist. Rechtsprechung und Lehre setzen dennoch das Verschulden voraus. Vgl. Kommission zur Ausarbeitung des Entwurfes eines BGB (Anm. 55) S. 24.

[75] § 1198.

[76] § 932 Abs. 1 S. 1 ABGB. Der von *Trenk-Hinterberger* (Anm. 20) S. 502 Anm. 8, herangezogene § 1096 ABGB greift nicht ein.

[77] Vgl. etwa *Schönenberger / Jäggi / Schmid*, im Züricher Kommentar zum ZGB, Das Obligationenrecht³ (1974) Vorbem. 10 zu Art. 254—256; *von Tuhr* (Anm. 4) S. 395 f.; BGE 30 II 239 (246); AppHof Bern, ZBernJV 52 (1916) 546 (547). Zu beachten ist aber, daß Art. 38 Abs. 1 OR eine verschuldensunabhängige deliktische Haftung des Eigentümers „eines Gebäudes oder andern Werkes" für den Schaden vorsieht, „den diese infolge von fehlerhafter Anlage oder Herstellung oder mangelhafter Unterhaltung verursachen". Dazu vgl. *von Tuhr* (Anm. 4) 385 f. Anm. 27. — Zum Vergleich der Regelung des Schweizerischen Obligationenrechts mit dem gemeinen Recht und dem Ersten Entwurf des BGB vgl. *Heuberger*, Die Sachmiete nach dem Schweizerischen Obligationenrecht (1889) S. 37 ff.

[78] Entwurf eines bürgerlichen Gesetzbuches für das Großherzogthum Hessen I (1845) Art. 162.

[79] Entwurf eines bürgerlichen Gesetzbuches für das Königreich Bayern II (1861) Art. 410.

[80] Entwurf eines allgemeinen deutschen Gesetzes über Schuldverhältnisse, hrsg. von *B. Francke* (1866), Art. 545. Vgl. dazu Kommission zur Ausarbeitung eines BGB (Anm. 55) S. 27—29.

Fall eines zur Zeit des Vertragsschlusses vorhandenen Mangels und dem des späteren Eintritts des Mangels. Während in letzterem Fall den Vermieter die Interessehaftung trifft, der den Eintritt des Mangels verschuldet hat, ist im Falle eines anfänglichen Mangels erforderlich, daß er ihn dem Mieter arglistig verschwiegen hat.

## II. Die Entstehungsgeschichte des § 538 BGB

Die in § 538 BGB für anfängliche Mängel angeordnete Garantiehaftung beruht bereits auf einer Entscheidung der Ersten Kommission.

### 1. Die Beratungen der Ersten Kommission

Anders lautete freilich noch die Vorlage im Teilentwurf des Redaktors *von Kübel*[81], der aus Zeitgründen keine eigenständige Regelung ausgearbeitet, sondern statt dessen die entsprechende Regelung des *Dresdener Entwurfs* herangezogen hatte[82].

*Art. 545 Abs. 2*

> Hat der Vermiether einen zur Zeit der Schließung des Vertrages vorhandenen Mangel dem Miether arglistig verschwiegen oder den späteren Eintritt des Mangels verschuldet, so kann der Miether auch Schadensersatz und, wenn der Miether durch die Mangelhaftigkeit der gemietheten Sache einen Schaden erlitten hat, insbesondere auch Ersatz dieses Schadens von dem Vermiether verlangen.

Diese Bestimmung enthält für anfängliche Mängel im Gegensatz zur Garantiehaftung des § 538 BGB eine Arglisthaftung. Außerdem fällt im Gegensatz zu den späteren Fassungen der Vorschrift auf, daß die Einbeziehung der Mangelfolgeschäden klargestellt wird, ist doch außer dem allgemeinen Schadensersatz ausdrücklich auch der Ersatz des Schadens genannt, den der Mieter „durch die Mangelhaftigkeit der gemietheten Sache... erlitten hat". Schließlich erwähnt die Vorlage noch nicht den Fall der zugesicherten Eigenschaft. Der Redaktor hat offengelassen, ob eine Regelung insoweit erforderlich sei[83].

In der Kommissionssitzung vom 24. April 1883[84] wurde die Redaktorvorlage erheblich abgeändert. Nach der Erörterung einer Reihe von Änderungsanträgen hat die Kommission die Beschlüsse gefaßt, die zur Regelung des Ersten Entwurfs von 1888 geführt haben. Dazu gehört auch die Garantiehaftung. Demgemäß lautet

---

[81] Kommission zur Ausarbeitung eines BGB (Anm. 55), Miethe, Pacht und Viehverstellung nach den Bestimmungen des Dresdener Entwurfs, S. 2.

[82] Dazu vgl. *Jakobs/Schubert*, Die Beratung des Bürgerlichen Gesetzbuchs, Materialien zur Entstehungsgeschichte des BGB (1978) S. 43 f.

[83] Kommission zur Ausarbeitung eines BGB (Anm. 55) S. 30.

[84] Protocolle (1. Kommission) S. 2031 ff. (2039).

*§ 506 E I*[85]:

> Der Miether hat gegen den Vermiether außer den im § 505 bestimmten Rechten Anspruch auf Schadensersatz wegen Nichterfüllung, wenn einer der im § 505 bezeichneten Mängel *(sc. Mangel einer zugesicherten Eigenschaft oder Mangel, welcher die Tauglichkeit der Miethsache zu dem vertragsmäßigen Gebrauch aufhebt oder mindert)* zur Zeit der Schließung des Vertrages vorhanden gewesen oder später durch einen von dem Vermiether zu vertretenden Umstand eingetreten, oder wenn die Beseitigung eines später eingetretenen Mangels von dem Vermiether verzögert ist.

### 2. Die Beratungen der Zweiten Kommission

Die Zweite Kommission hat sich im wesentlichen für die Beibehaltung des § 506 E I, also auch der Garantiehaftung entschieden. Allerdings wurde auf Betreiben der Regierung Hamburgs der Antrag gestellt[86], der dem § 506 E I entsprechenden Regelung des § 483 E II folgenden Absatz hinzuzufügen:

> War der bei Abschluß des Vertrages vorhandene Mangel aller Sorgfalt unerachtet nicht zu entdecken, so tritt die Verpflichtung zum Schadensersatz nicht ein.

Eine solche Regelung hätte aus der Garantiehaftung wieder eine Verschuldenshaftung gemacht. Der Antrag wurde jedoch abgelehnt, unter anderem deshalb, weil es „vom sozialpolitischen Standpunkte aus bedenklich sei", die Haftung auf Kosten des Mieters abzuschwächen.

Die Regelung ist sodann in der folgenden Fassung Gesetz geworden:

*§ 538 Abs. 1 BGB*

> Ist ein Mangel der in § 537 bezeichneten Art bei dem Abschlusse des Vertrages vorhanden oder entsteht ein solcher Mangel später infolge eines Umstandes, den der Vermieter zu vertreten hat, oder kommt der Vermieter mit der Beseitigung des Mangels in Verzug, so kann der Mieter, statt die im § 537 bestimmten Rechte geltend zu machen[87], Schadensersatz wegen Nichterfüllung verlangen.

### 3. Die Gründe für die Garantiehaftung

Die Begründung für die Garantiehaftung findet sich im wesentlichen bereits in den Protokollen der Ersten Kommission[88]. Ihre Überlegungen betreffen zunächst den Fall, daß der Mietsache eine vom Vermieter zu-

---

[85] Vgl. etwa *Mugdan* II (1899) LXVIII.
[86] Protokolle (2. Kommission) VI (1899) S. 186 = *Mugdan* II (1899) S. 813 f.
[87] § 538 wurde durch das 2. Mietrechtsänderungsgesetz vom 14. 7. 1964 (BGBl. I, 457) an dieser Stelle geändert: Es heißt jetzt nicht mehr „statt die im § 537 bestimmten Rechte geltend zu machen", sondern „unbeschadet der im § 537 bestimmten Rechte".
[88] Protocolle (1. Kommission) S. 2039 ff. Vgl. auch Motive II (1888) S. 376 f. = *Mugdan* II (1899) S. 209.

gesicherte Eigenschaft fehlt. In diesem Fall hält die Kommission die gleiche Regelung für geboten, die sie bereits zuvor für den entsprechenden Fall bei der Sachveräußerung beschlossen hatte[89]. Der Käufer hat einen Anspruch auf Schadensersatz wegen Nichterfüllung, wenn der verkauften Sache zur Zeit des Kaufs eine vom Verkäufer zugesicherte Eigenschaft fehlt (heute: § 463 S. 1 BGB). Auf das Verschulden des Verkäufers kommt es nicht an. Denn die 1. Kommission war der Meinung, in der Zusicherung einer bestimmten Eigenschaft „könne die Übernahme der Garantie für das Vorhandensein dieser Eigenschaft und das Versprechen gefunden werden, für alle Folgen einstehen zu wollen, wenn die Eigenschaft fehlen sollte". Aus den gleichen Gründen beschloß die Kommission nun auch die verschuldensunabhängige Haftung des Vermieters. Denn es sei „nicht angänglich, in der fraglichen Beziehung die Miethe anders zu beurteilen als die Sachveräußerung".

Nachdem die Kommission in dieser Weise den Fall, daß der Mietsache eine zugesicherte Eigenschaft fehlt, abgehandelt hat, geht sie zu dem Fall über[90], daß die Mietsache mit einem sonstigen, den vertragsmäßigen Gebrauch ausschließenden oder beeinträchtigenden Mangel behaftet ist. Die Kommission entschied sich für die Gleichbehandlung eines solchen Mangels der Mietsache mit einem Mangel der ersteren Art. Dabei erwog sie laut Protokoll[91]:

„Der Vermiether habe eine den vertragsmäßigen Gebrauch des Miethers bedingende Tauglichkeit stillschweigend zugesichert. Eine solche Unterstellung liege nicht nur allein in Rücksicht auf das Wesen des Miethvertrages sehr nahe, sondern sie sei auch noch durch eine andere Erwägung gerechtfertigt... Der Vermiether (habe) dem Miether den Gebrauch der vermietheten Sache während der Miethzeit zu gewähren, folglich die Sache in einer den vertragsmäßigen Gebrauch des Miethers ermöglichenden Beschaffenheit dem letzteren zu überlassen...".

Die Garantiehaftung des Vermieters ist für die 1. Kommission[92] ein Spezialfall der allgemeinen Bestimmungen über die anfängliche Unmöglichkeit: In den Fällen, in denen die Beseitigung des Mangels objektiv möglich ist, habe der Mieter schon auf Grund des Mietvertrages mit dem Anspruch auf Erfüllung auch den Schadensersatzanspruch wegen Nichterfüllung. Nur für die seltenen Fälle, in denen die Beseitigung des Mangels objektiv unmöglich ist, bringe die Annahme eines stillschweigenden Garantieversprechens eine über die allgemeinen Grundsätze hinausgehende Haftung des Vermieters auf Schadensersatz mit sich.

---

[89] Vgl. § 85 der Zusammenstellung der auf das Obligationenrecht sich beziehenden Beschlüsse = § 385 E I; Protocolle (1. Kommission) S. 745—749; Motive II, S. 228 = *Mugdan* II, S. 126.
[90] Protocolle (Anm. 89) S. 2040 f.
[91] Protocolle (Anm. 89) S. 2040 f.
[92] Motive II (1888) S. 377 = *Mugdan* II (1899) S. 210. Vgl. schon Kommission zur Ausarbeitung des Entwurfes eines BGB (Anm. 55) S. 29.

## II. Die Entstehungsgeschichte des § 538 BGB

Die 2. Kommission hat die Beibehaltung der Garantiehaftung — abgesehen davon, daß sie auf einen „sozialpolitischen Standpunkt" verweist[93] — noch einmal mit einer Zusammenfassung der bereits von der 1. Kommission genannten Gründe gerechtfertigt[94].

Der Gesetzgeber hat seine Entscheidung für die Garantiehaftung des Vermieters zwar eingehend begründet. Doch in den Materialien findet sich kein ausdrücklicher Hinweis darüber, ob der Gesetzgeber in die Garantiehaftung auch das Integritätsinteresse des Mieters einbeziehen wollte. In der Redaktorvorlage werden die Mangelfolgeschäden zwar erwähnt, aber im Zusammenhang mit der Haftung des Vermieters für Arglist. Auch wenn im weiteren Verlauf der Kommissionsberatungen nur noch vom Erfüllungsinteresse die Rede ist, so läßt sich daraus nicht etwa der Schluß ziehen, der Gesetzgeber habe die Mangelfolgeschäden damit nicht gemeint. Vielmehr folgt daraus nur, daß er die gemeinrechtliche Streitfrage, ob das Vertrauensinteresse oder das Erfüllungsinteresse zu ersetzen sei, in letzterem Sinne entschieden hat. Die gemeinrechtlichen Quellen und die Fälle der Praxis, die der Gesetzgeber vor Augen hatte, sprechen dafür, daß er ohne weiteres davon ausging, das Integritätsinteresse des Mieters werde von der Schadensersatzpflicht des Vermieters umfaßt. Andererseits aber sind dies, sieht man einmal von dem besonderen Weinfaß-Fall der Digesten ab, Fälle, in denen eine Verschuldens- oder sogar Arglisthaftung angenommen wurde.

Auch wenn die Gesetzesmaterialien das Problem der Mangelfolgeschäden nicht ausdrücklich erwähnen, so ist doch die Garantiehaftung des Vermieters mit Erwägungen begründet, die möglicherweise indirekte Hinweise zur Lösung der Problematik enthalten. Diese Erwägungen des Gesetzgebers sind deshalb nunmehr auszuwerten.

---

[93] Siehe oben S. 35.
[94] Protokolle (2. Kommission) VI (1899) S. 186 = *Mugdan* II (1899) S. 813 f.

## D. Der „sozialpolitische Standpunkt" des Gesetzgebers

Die 2. Kommission hat sich für die Beibehaltung der von der 1. Kommission beschlossenen Garantiehaftung entschieden, weil es ihr — so die Protokolle — „vom sozialpolitischen Standpunkt aus bedenklich" schien, die Haftung des Vermieters auf Kosten des Mieters abzuschwächen[95]. Auf diesen Hinweis in den Protokollen stützen einige Autoren[96] ihre Auffassung, die Garantiehaftung beruhe auf einer sozialpolitischen Entscheidung des Gesetzgebers zugunsten des Mieters. § 538 Abs. 1 BGB sei eine „erste wichtige Form sozialen Mietrechts"[97]. Daraus wiederum leiten Anhänger der herrschenden Lehre[98] die weitere Folgerung ab, die Mangelfolgeschäden müßten durch die Garantiehaftung mit abgedeckt werden.

### 1. Die Protokolle (2. Kommission)

Die Protokolle bestätigen die herrschende Lehre nur insoweit, als sie die Garantiehaftung auch auf unentdeckbare Mängel bezieht. Denn der von der 2. Kommission abgelehnte Antrag zielte auf einen Ausschluß der Haftung für den Fall, daß „der bei Abschluß des Vertrages vorhandene Mangel aller Sorgfalt unerachtet nicht zu entdecken" war. Wenn die Kommission im Zusammenhang mit der Zurückweisung dieses Antrags auf einen „sozialpolitischen Standpunkt" verweist, so erklären sich diese Worte wohl nur durch die massive Kritik, die in der Öffentlichkeit am Ersten Entwurf von 1888 insgesamt geübt wurde. Einer der Hauptvorwürfe war, der Entwurf sei unsozial[99]. Unter dem Eindruck dieser Kritik scheute sich die 2. Kommission, eine bereits von der 1. Kommission getroffene Entscheidung zum Nachteil des Mieters abzuändern.

### 2. Soziales Mietrecht?

Die Behauptung, § 538 Abs. 1 BGB sei eine Bestimmung sozialen Mietrechts, läßt sich indessen auch in der Sache kaum halten. Daran ließe

---
[95] Siehe oben S. 35.
[96] *Schlechtriem*, Vertragsordnung und außervertragliche Haftung (1972) S. 337 Anm. 215; *Trenk-Hinterberger*, JuS 1975, 501 f.; *Rebe / Rebell*, JA 1978, 549.
[97] *Trenk-Hinterberger* (Anm. 96).
[98] *Schlechtriem* (Anm. 96); *Rebe / Rebell* (Anm. 96).
[99] Dazu vgl. am besten *Schubert*, Die Entstehung der Vorschriften des BGB über Besitz und Eigentumsübertragung (1966) S. 40 ff.

sich allenfalls bei der Wohnraummiete denken. Die Vorschrift betrifft jedoch alle Mietverhältnisse. Hinzu kommt, daß Vorschriften sozialen Mietrechts typischerweise dadurch gekennzeichnet sind, daß sie nicht zum Nachteil des Mieters abbedungen werden können[100]. Die Garantiehaftung des § 538 Abs. 1 BGB ist jedoch, soweit ersichtlich unstreitig, auch bei der Wohnraummiete abdingbar. Denn es fehlt hier eine dem § 537 Abs. 3 BGB entsprechende Bestimmung, wonach „bei einem Mietverhältnis über Wohnraum ... eine zum Nachteil des Mieters abweichende Vereinbarung (sc. hinsichtlich der Rechte des Mieters nach § 537 Abs. 1 und 2 BGB) unwirksam" ist.

In der Praxis wird die Garantiehaftung bei der Wohnraummiete zumindest eingeschränkt. Auch der vom Bundesjustizminister im Jahre 1976 herausgegebene, den Parteien empfohlene *Mustermietvertrag*[101] sieht an versteckter Stelle, nämlich in der Anlage unter „Wohnungsbeschreibung und Übergabeverhandlung", eine entscheidende Abschwächung der Garantiehaftung vor:

Die Mieter erklären, daß sich die Mietsache — wie bei der gemeinsamen Besichtigung festgestellt wurde — bis auf die nachstehend näher bezeichneten Beanstandungen in ordnungsgemäßem Zustand befindet. Der Vermieter haftet nur für Mängel, die bei der Übergabe der Mietsache in dieser Verhandlung ausdrücklich vermerkt worden sind, außer daß es sich um Mängel handelt, die auch bei Anwendung der erforderlichen Sorgfalt nicht erkennbar waren.

Wenn im zweiten Satz dieser Klausel die Haftung des Vermieters für Mängel bestimmt wird, die „auch bei Anwendung der erforderlichen Sorgfalt nicht erkennbar waren", so scheint dies auf den ersten Blick dem zu entsprechen, was § 538 Abs. 1 BGB ohnehin anordnet. Doch einen Sinn gibt dieser Satz nur dann, wenn damit nicht die „erforderliche Sorgfalt" des Vermieters, sondern die des Mieters gemeint ist. Denn der Satz beschränkt die Haftung des Vermieters zunächst auf die ausdrücklich vermerkten Mängel und hebt sodann diese für den Mieter nachteilige Beschränkung wieder auf, soweit es sich um unentdeckbare Mängel handelt. Für entdeckbare Mängel haftet der Vermieter nur dann, wenn sie im Übergabeprotokoll genannt sind. Wollte man nun hinsichtlich der Entdeckbarkeit auf die Sorgfaltspflicht des Vermieters abstellen, dann wäre in der Klausel angeordnet, daß der Vermieter — abgesehen von den ausdrücklich genannten Mängeln — auch für solche haftet, die er trotz aller Sorgfalt nicht erkennen konnte, nicht aber für solche, die er hätte erkennen können. Das wird kaum gemeint sein. Stellt man da-

---

[100] Anders, aber nicht überzeugend *Trenk-Hinterberger* (Anm. 96), der zunächst die Behauptung aufstellt, § 538 sei eine Vorschrift sozialen Mietrechts, dann aber (S. 502 Anm. 6) einräumt, daß die Bestimmung abdingbar ist.
[101] Abgedruckt bei BGB-RGRK / *Gelhaar* (Anm. 11) vor § 535 Rdnr. 37, am Ende der Fassung I des Vertragsentwurfs.

gegen auf die Sorgfaltspflicht des Mieters ab, dann ist die Klausel durchaus sinnvoll. Wenn für ihn, den Mieter, nämlich der Mangel erkennbar war, dann hätte er dafür sorgen können, daß der Mangel im Übergabeprotokoll erwähnt wird. Versäumt er dies, dann will die Klausel den Vermieter von der Haftung freistellen.

In dieser Auslegung weicht aber die Klausel des Mustermietvertrages von § 538 Abs. 1 BGB ab. Denn wenn der Mieter einen Schaden durch einen Mangel erleidet, den zwar nicht der Vermieter, wohl aber — etwa wegen seiner besonderen Sachkenntnis — er selbst hätte erkennen können, dann wäre ohne die Klausel der Schaden zu teilen: Den Vermieter träfe die Garantiehaftung nach § 538 Abs. 1 BGB; die Sorgfaltspflichtverletzung des Mieters wäre aber als mitwirkendes Verschulden nach § 254 Abs. 1 anzurechnen[102]. Demgegenüber haftet der Vermieter nach der Klausel des „Mustermietvertrages" in einem solchen Fall überhaupt nicht.

### 3. Folgerung

Weil die Garantiehaftung des § 538 Abs. 1 BGB dispositives Recht und gerade auch bei der Wohnraummiete abdingbar ist, leuchtet eine Kennzeichnung dieser Bestimmung als soziales Mietrecht nicht ein. Damit ist auch der darauf aufgebauten Folgerung, die Garantiehaftung müsse stets auch die Mangelfolgeschäden erfassen, der Boden entzogen. Die Einbeziehung der Mangelfolgeschäden läßt sich ebensowenig damit begründen, § 538 Abs. 1 BGB beruhe auf einer sozialpolitischen Entscheidung des Gesetzgebers zugunsten des Mieters, wie auch umgekehrt die Meinung nicht überzeugt, die den Ausschluß dieser Schäden mit der Begründung rechtfertigt, die Vorschrift sei für den Vermieter unbillig[103].

Die Protokolle sind demnach für die Problematik der Mangelfolgeschäden insoweit unergiebig, als sie auf einen „sozialpolitischen Standpunkt" des Gesetzgebers hinweisen. Deshalb ist nunmehr zu prüfen, ob die systematischen Argumente, mit denen der Gesetzgeber die Garantiehaftung begründet, zur Lösung des Problems beitragen.

---

[102] BGH, NJW 1977, 1236, ausführlicher in: ZMR 1978, 50 (53).
[103] So etwa *Siber* (Anm. 8) S. 283 f.

## E. Die Garantiehaftung im System des BGB

Der Gesetzgeber sieht in der Garantiehaftung des Vermieters einen Spezialfall der allgemeinen Haftung des Schuldners für anfängliches Unvermögen. Außerdem verweist er auf die zum Teil vergleichbare Regelung im Kaufrecht[104].

### I. Garantiehaftung für anfängliches Leistungsunvermögen

In der Sicht des Gesetzgebers, wie sie in den Materialien zum Ausdruck kommt[105], liegt ein Sonderfall *anfänglicher objektiver* oder *subjektiver Unmöglichkeit* vor, wenn die Mietsache zum Zeitpunkt des Vertragsschlusses mit einem Mangel behaftet ist, der den Gebrauch ausschließt oder einschränkt.

#### 1. Objektive und subjektive Unmöglichkeit

Wenn die Mietsache beim Vertragsschluß mit einem Mangel behaftet ist, der von niemandem behebbar ist, dann ist dies ein Fall anfänglicher objektiver Unmöglichkeit. Nach der allgemeinen Regel des § 306 BGB ist ein auf eine objektiv unmögliche Leistung gerichteter Vertrag nichtig. Diese Bestimmung ist jedoch durch Parteivereinbarung abdingbar, findet also keine Anwendung, wenn der Schuldner die Garantie für seine Leistungsfähigkeit übernommen hat[106]. Die Besonderheit des § 538 Abs. 1 BGB ist es, daß eine solche Garantie von Gesetzes wegen unterstellt wird.

Damit wird dieser Sonderfall anfänglicher objektiver Unmöglichkeit ebenso behandelt wie der Fall bloß subjektiver Unmöglichkeit *(Unvermögen)*, der nach Auffassung des Gesetzgebers dann vorliegt, wenn der Mietsache bei Vertragsschluß ein behebbarer Mangel anhaftet. Für das anfängliche Unvermögen des Schuldners sieht das BGB eine Regelung nicht vor. Aber schon die 1. Kommission war der Meinung[107], „im Falle der Begründung eines Schuldverhältnisses durch Rechtsgeschäft unter Lebenden" sei „in dem Versprechen die Übernahme einer Garantie für

---

[104] Protocolle (1. Kommission) S. 2039 f.; Motive II (1888) S. 376 f. = *Mugdan* II (1899) S. 209 f.; Protokolle (2. Kommission) VI (1899) S. 186 = *Mugdan* II, S. 813 f. Siehe oben S. 35 ff.
[105] Insbes. Motive II, 376 f.
[106] Vgl. etwa *Larenz*, Lehrbuch des Schuldrechts I¹² (1979) S. 89.
[107] Motive II (1888) S. 45 f.

die Leistungsfähigkeit zu finden". Eine solche Auslegung der Erklärung des Schuldners ist in ihrer doktrinären Allgemeinheit kaum haltbar. Sicher ist sie nicht zwingend, wie schon die anders lautende positive Regelung des Schweizerischen Obligationenrechts — eine Verschuldensregelung — zeigt[108]. Andererseits aber belegt der aus den Motiven zitierte Satz, daß die Garantiehaftung des Vermieters in der Sicht des Gesetzgebers insoweit keine Besonderheit, sondern nur eine Klarstellung ist. § 538 Abs. 1 BGB dient daher geradezu als Beleg[109] für eine allgemeine Garantiepflicht des Schuldners für sein ursprüngliches Leistungsvermögen. § 538 Abs. 1 BGB ist danach eine Sonderregelung sowohl der anfänglichen objektiven als auch der subjektiven Unmöglichkeit, je nachdem ob die Mietsache mit einem unbehebbaren oder einem behebbaren Mangel behaftet ist[110].

## 2. Die Einschränkung der Garantiehaftung

Die Garantiehaftung des Vermieters ist zwar in der Sicht des Gesetzgebers ein Spezialfall der Garantiehaftung des Schuldners für sein Leistungsunvermögen beim Vertragsschluß. Doch in neuerer Zeit haben sich die Stimmen gemehrt[111], die eine solche Garantiepflicht des Schuldners nicht mehr generell befürworten, weil sie die — unverbindliche — Meinung des Gesetzgebers, der Schuldner garantiere stets seine Leistungsfähigkeit, als zu weitgehend ablehnen. Statt dessen kennzeichnen diese Autoren die Haftung des Schuldners für anfängliches Unvermögen als ein Problem der „Risikoverteilung"[112], das durch „Abwägung der beiderseitigen Interessen"[113] zu lösen sei. So schränkt insbesondere *Larenz*[114] die von ihm grundsätzlich gebilligte Garantiehaftung des Schuldners für die Fälle ein, in denen das Leistungshindernis auf höherer Gewalt oder der Einwirkung eines Dritten beruht.

---

[108] Art. 97 Abs. 1 OR.

[109] *Oertmann*, Anfängliches Leistungsunvermögen, AcP 140 (1935) S. 140 f.

[110] Deshalb ist es verfehlt, wenn einige Gerichte den § 538 Abs. 1 nur dann anwenden wollen, wenn es sich um „ihrer Natur nach behebbare Mängel" handelt, im Falle unbehebbarer Mängel jedoch auf die allgemeine Bestimmung des § 306 über die anfängliche objektive Unmöglichkeit zurückgreifen. Vgl. OLG Hamm, MDR 1968, 50; OLG Düsseldorf, ZMR 1970, 173; OLG Celle, NJW 1973, 2289; LG Mannheim, ZMR 1975, 244; dagegen *Benöhr*, NJW 1974, 648; *Hassold*, NJW 1974, 1745; *Brox / Elsing*, JuS 1976, 5. Vgl. auch *Krampe*, JZ 1978, 439.

[111] *A. Blomeyer*, Allgemeines Schuldrecht[4] (1969) S. 148; *Esser*, Schuldrecht AT[4] (1971) S. 206 f.; *Larenz* (Anm. 106) S. 87 f.; *Brox*, Allgemeines Schuldrecht[8] (1980) S. 135, Rdnr. 243. Übersicht bei *Medicus*, Bürgerliches Recht[9] (1979) S. 134, Rdnr. 284; vgl. auch *Esser / Schmidt*, Schuldrecht I, 1[5] (1975) S. 246.

[112] *A. Blomeyer* (Anm. 111).

[113] *Brox* (Anm. 111).

[114] *Larenz* (Anm. 106) S. 87 f.

Wie immer dieses allgemeine Problem der Einstandspflicht des Schuldners für sein anfängliches Leistungsvermögen zu lösen ist: Das Urteil, inwieweit § 538 Abs. 1 BGB eine Garantiehaftung des Vermieters begründet, kann sinnvollerweise nicht anders lauten als die Stellungnahme zu dem Meinungsstreit, der über eine allgemeine Garantiepflicht des Schuldners geführt wird. Wer in diesem Fall auf die besonderen Umstände des Falles abstellt, muß dies auch in jenem Fall tun[115]. Umgekehrt: Wer in § 538 Abs. 1 BGB eine generelle Garantiehaftung des Vermieters ohne Rücksicht auf die besonderen Umstände des einzelnen Mietvertrages geregelt sieht, wird auch in den übrigen Fällen anfänglichen Unvermögens eine allgemeine Garantiepflicht des Schuldners annehmen[116].

Allerdings erweist sich die umstrittene Frage, ob die Garantiehaftung des Vermieters auch einen Mangelfolgeschaden umfaßt, als ein spezifisches Problem des § 538 Abs. 1 BGB. Das liegt an der Besonderheit des Mietvertrages, wonach die Überlassung einer mangelfreien Sache zur Leistungspflicht des Schuldners gehört, schuldet doch der Vermieter den „Gebrauch der vermieteten Sache" (§ 535 S. 1 BGB), also Überlassung der Mietsache in einem gebrauchsfähigen Zustand (§ 536 BGB). Wer indessen allgemein eine Garantiepflicht des Schuldners nur je nach den Umständen des Einzelfalles für begründet hält, wird die Frage, ob in die Garantiehaftung des Vermieters auch ein Mangelfolgeschaden einzubeziehen ist, ebenfalls als ein Problem der Vertragsauslegung im Einzelfall ansehen[117]. Dagegen ist mit der Annahme einer allgemeinen Garantiepflicht für anfängliches Leistungsvermögen das spezifische Problem der Einbeziehung eines Mangelfolgeschadens im Falle des § 538 Abs. 1 BGB nicht notwendigerweise bereits vorentschieden.

## II. Die Garantiehaftung des Vermieters und des Verkäufers

Gerade in bezug auf die spezifische Problematik der Mangelfolgeschäden führt der zusätzliche systematische Hinweis in den Gesetzesmaterialien[118] auf die entsprechende Regelung beim Kauf weiter. Nach

---

[115] Konsequent daher *Larenz*, der sowohl eine Einschränkung der allgemeinen Garantiepflicht des Schuldners für geboten hält als auch eine Einschränkung der gesetzlichen Garantiehaftung des Vermieters; vgl. *Larenz*, Lehrbuch des Schuldrechts I[12] (1979) S. 87 f. und II[11] (1977) S. 184. Nicht konsequent dagegen *Brox*, der zwar ebenfalls eine Einschränkung der Garantiehaftung des Schuldners im allgemeinen vertritt, nicht aber der Garantiehaftung des Vermieters im besonderen; vgl. *Brox*, Allgemeines Schuldrecht[9] (1980) S. 135, Rdnr. 243 einerseits und Besonderes Schuldrecht[7] (1980) S. 84, Rdnr. 170 andererseits.
[116] So z. B. *Medicus*, Bürgerliches Recht[9] (1979) S. 134 Rdnr. 284 und S. 161, Rdnr. 352.
[117] *Esser*, Schuldrecht II, BT[4] (1971) S. 106.
[118] Siehe oben S. 35 ff.

§ 463 S. 1 BGB haftet der Verkäufer, ohne daß es auf sein Verschulden ankommt, auf „Schadensersatz wegen Nichterfüllung", wenn der Kaufsache eine zugesicherte Eigenschaft fehlt. Dieser Vorschrift entspricht im Mietrecht § 538 Abs. 1, allerdings nicht nur im Falle, daß der Mietsache eine zugesicherte Eigenschaft fehlt, sondern — insoweit im Gegensatz zum Kaufrecht — auch bei jedem sonstigen Sachmangel. Ebenso wie im Falle des § 538 Abs. 1 stellt sich in Zusammenhang mit § 463 S. 1 die Frage, ob die Garantiehaftung des Verkäufers einen Mangelfolgeschaden umfaßt.

### 1. „Schadensersatz wegen Nichterfüllung" in § 538 Abs. 1 und § 463 S. 1 BGB

Die Rechtsprechung[119] unterscheidet Mietrecht und Kaufrecht. Auch wenn sowohl nach § 538 Abs. 1 als auch nach § 463 S. 1 „Schadensersatz wegen Nichterfüllung" zu ersetzen sei, so müsse dieser Begriff doch in beiden Regelungsbereichen unterschiedlich ausgelegt werden.

Mit dieser Begründung hat der BGH in dem bereits erwähnten Autoscooter-Fall von 1962[120] an der Rechtsprechung festgehalten, wonach die Garantiehaftung des § 538 Abs. 1 stets die Mangelfolgeschäden — der BGH spricht hier von „mittelbaren" Schäden — umfasse, obwohl der BGH sich mit einer höchstrichterlichen Rechtsprechung[121] konfrontiert sah, wonach im Falle der Gewährleistungsansprüche nach § 463 die Mangelfolgeschäden nicht einbezogen seien. Einige Jahre später — im sog. Contactkleber-Urteil von 1968[122] — hat der BGH die Interpretation des § 463 S. 1 geändert. Hier ging es um die Schadensersatzklage eines Käufers, der mit einem vom Beklagten gekauften Klebemittel Deckenplatten befestigt hatte, die sich dann aber gelöst haben und heruntergefallen sind, obwohl der Verkäufer die Klebefähigkeit für den vorgesehenen Zweck zugesichert hatte. Der BGH hat der Klage stattgegeben und dabei ausgeführt: Der Verkäufer hafte nach § 463 S. 1 beim Fehlen einer zugesicherten Eigenschaft der Kaufsache für einen Mangelfolgeschaden des Käufers dann, wenn die Zusicherung das Ziel verfolge, den Käufer gegen solche Schäden abzusichern. Dabei übernimmt der BGH die Lehre Diederichsens[123]. Er verweist aber auch auf seine eigene schon im Autoscooter-Urteil inzident geäußerte Auffassung.

---

[119] BGH, NJW 1962, 908 (909).

[120] Siehe oben S. 17 f.

[121] RG, DR 1941, 637. Weitere Nachweise bei Diederichsen (Anm. 26) S. 156 Anm. 35 und Staudinger / Honsell, BGB II[12] (1978) § 463, Rdnr. 38.

[122] BGHZ 50, 200 (204); vgl. dazu Staudinger / Honsell (Anm. 121) § 463, Rdnr. 37 mit Nachw.

[123] Diederichsen (Anm. 26) S. 161.

Zur Begründung seiner neuen Auslegung des § 463 S. 1 beruft sich der BGH nunmehr u. a. auch auf seine Rechtsprechung zu § 538 Abs. 1. Dennoch bleibt in der Rechtsprechung des BGH eine Diskrepanz zwischen Kaufrecht und Mietrecht jetzt noch insoweit, als in § 463 S. 1 eine Haftung für Mangelfolgeschäden nur je nach Auslegung der Zusicherung, in § 538 Abs. 1 jedoch generell, ohne Rücksicht auf die Umstände des Einzelfalles angeordnet sein soll.

### 2. Gesetzliche und vertragliche Garantiehaftung

Die unterschiedliche Auslegung des § 463 S. 1 einerseits und des § 538 Abs. 1 andererseits wird damit begründet[124], daß die Garantiehaftung des Verkäufers auf einer über den Kaufvertrag hinausgehenden besonderen Verpflichtungserklärung beruht, während diejenige des Vermieters kraft Gesetzes schon aus dem Mietvertrag selbst folgt. Dementsprechend wird diese Haftung als *gesetzliche*, jene als *vertragliche* Garantiehaftung bezeichnet. Und so wie der Umfang der vertraglichen Garantiehaftung des § 463 S. 1 vom Zweck der jeweiligen Zusicherung bestimmt werde, so komme es im Falle des § 538 Abs. 1 auf den Sinn und Zweck der gesetzlichen Garantiehaftung des Vermieters an. Sinn und Zweck der gesetzlichen Regelung sei es aber, den Mieter umfassend, also auch vor Mangelfolgeschäden zu schützen.

a) Eine solche Unterscheidung zwischen gesetzlicher und vertraglicher Garantiehaftung vermag indessen nicht zu überzeugen. Sie ist bereits deshalb mißverständlich, weil einerseits auch die „gesetzliche" Garantiehaftung des Vermieters insofern eine vertragliche Haftung ist, als sie an den Mietvertrag anknüpft, und weil andererseits auch die „vertragliche" Garantiehaftung auf dem Gesetz beruht, mag sie auch an die besondere vertragliche Zusicherung des Verkäufers anknüpfen. Aber selbst dann, wenn man an dem begrifflichen Unterschied zwischen vertraglicher und gesetzlicher Garantiehaftung glaubt festhalten zu sollen, leuchtet nicht ein, weshalb bei der vertraglichen Haftung, die an die Zusicherung anknüpft, eine Differenzierung je nach Zusicherung möglich, bei der gesetzlichen Haftung, die an den Mietvertrag anknüpft, eine Differenzierung je nach Mietvertrag jedoch nicht möglich sein soll. Denn es gibt ebensowenig notwendigerweise einen einheitlichen Zweck „des" Mietvertrages wie einen einheitlichen Zweck „der" Zusicherung beim Kauf. Zudem ist bei der Miete der Fall denkbar, daß der Vermieter die Abwesenheit von Mängeln vertraglich zusichert. Nach den Maßstäben der Rechtsprechung des BGH würde er in diesem Fall auf das Integritätsinteresse nur dann haften, wenn die Zusicherung diesen Zweck verfolgt, während er ohne diese Zusicherung kraft Gesetzes dieses Interesse stets

---
[124] Insbes. BGH, NJW 1962, 908 (909).

ohne Rücksicht auf den Zweck des abgeschlossenen Mietvertrages zu ersetzen hätte. Eine gesetzliche Haftung kann jedoch sinnvollerweise keinen größeren Umfang haben als eine vertragliche Haftung gleichen Inhalts, beruht doch die gesetzliche Garantiehaftung auf einer gesetzlich unterstellten Zusicherung. Der BGH sollte deshalb eine vertragliche Garantiehaftung und eine gesetzliche Garantiehaftung gleich behandeln.

b) Im Bereich des Kaufrechts hat er dies bereits getan: Im Jahre 1971[125] hatte er über die Schadensersatzklage eines Käufers zu entscheiden, bei dem ein großer Bestand von Mastkälbern durch vom Verkäufer geliefertes minderwertiges Futtermittel eingegangen war. In diesem Fall hatte der Verkäufer eine besondere Zusicherung der Mangelfreiheit nicht erteilt. Der BGH leitet die Zusicherung vielmehr unmittelbar aus dem Futtermittelgesetz von 1929[126] ab. Sodann begründet der BGH unter Hinweis auf seine neuere Interpretation des § 463 S. 1, weshalb der Schadensersatzanspruch des Käufers auch hier einen Mangelfolgeschaden umfasse: Im Futtermittelrecht bestehe „der Zweck der vom Gesetz angeordneten Zusicherung gerade darin, den Tierhalter, der in der Regel das Futtermittel nicht hinreichend überprüfen kann, vor Schäden zu schützen, die durch mangelhaftes Futter eintreten". Damit behandelt der BGH im Kaufrecht eine gesetzliche Zusicherung nach den gleichen Maßstäben wie eine vertragliche Zusicherung.

Hinsichtlich der gesetzlichen Garantiehaftung des Vermieters sollte der BGH in gleicher Weise verfahren. Er selbst glaubt zwar[127], dies bereits dadurch zu verwirklichen, daß er auf den Zweck der gesetzlichen Garantiehaftung des § 538 Abs. 1 abstellt, der die Einbeziehung der Mangelfolgeschäden verlange. Wenn aber in § 538 Abs. 1 die Garantie aus dem Mietvertrag abgeleitet wird, dann kann der Zweck der Vorschrift auch nur aus dem Mietvertrag entnommen werden. Das aber ist der jeweilige Mietvertrag im Einzelfall. In einer so speziellen Materie wie dem Futtermittelrecht mag dies anders sein. Während der BGH hier ohne weiteres von „dem" Zweck der gesetzlich angeordneten Zusicherung sprechen konnte, erscheint es angesichts der mannigfaltigen Mietverträge nicht angängig, in gleicher Weise undifferenziert mit „dem" Zweck des Mietvertrages zu argumentieren.

### 3. Folgerungen

Wenn sich ein unterschiedlicher Umfang der Haftung aus § 538 Abs. 1 und derjenigen aus § 463 S. 1 BGB nach alledem nicht länger damit recht-

---
[125] BGHZ 57, 292.
[126] § 6 des Gesetzes lautet: „Macht der Veräußerer bei der Veräußerung von Futtermitteln keine Angaben über die Beschaffenheit, so übernimmt er damit die Gewähr für die handelsübliche Reinheit und Unverdorbenheit."
[127] Vgl. BGH, NJW 1962, 908 (909).

## II. Die Garantiehaftung des Vermieters und des Verkäufers

fertigen läßt, die Haftung des Vermieters sei im Gegensatz zu der vertraglichen Garantiehaftung des Verkäufers eine gesetzliche Garantiehaftung, dann bleibt allenfalls noch zu überlegen, ob nicht dieser Unterschied vielleicht gerade aus den unterschiedlichen Geschäftstypen abzuleiten ist, aus dem Kauf als einem Veräußerungsgeschäft einerseits und der Miete als Gebrauchsüberlassungsgeschäft andererseits. Solche strukturellen Gründe schlagen jedoch ebenfalls nicht durch. Der Gesetzgeber begründet zwar den Unterschied zwischen der Garantiehaftung des Vermieters und derjenigen des Verkäufers mit dem „Wesen des Mietvertrages"[128]. Dieser Unterschied liegt aber nur darin, daß für die Haftung des Verkäufers die besondere Zusicherung vorausgesetzt, die Haftung des Vermieters jedoch schon aus dem Mietvertrag selbst abgeleitet wird. Ist diese Haftung aber einmal im übrigen begründet, dann sollte über die Einbeziehung von Mangelfolgeschäden im Falle des § 538 Abs. 1 BGB nicht anders entschieden werden als im Falle des § 463 S. 1 BGB. In beiden Fällen anerkennt das Gesetz das Vertrauen des Gläubigers in die Mangelfreiheit einer Sache aus dem Bereich des Schuldners durch Gewährung eines Anspruchs auf „Schadensersatz wegen Nichterfüllung"[129]. Daraus folgt: Um der Konkordanz der Lösungen willen müßte der BGH seine Auffassung zum Problem der Mangelfolgeschäden entweder im Kaufrecht oder im Mietrecht ändern.

Deshalb ist zunächst mit *Medicus*[130] zu überlegen, ob man die Rechtsprechung zu § 538 Abs. 1 BGB billigen und diejenige zu § 463 S. 1 BGB daran anpassen sollte. *Medicus* vertritt die Auffassung, der Gesetzgeber habe in beiden Fällen mit dem Erfüllungsinteresse auch das Integritätsinteresse gemeint. Dabei stützt er sich u. a. auch auf die gemeinrechtlichen Quellen, in denen es um den Ersatz von Mangelfolgeschäden geht. *Medicus* hält daher jede Einschränkung der Garantiehaftung für eine *Gesetzeskorrektur,* die mangels überzeugender Gründe abzulehnen sei. Insbesondere könne die Garantiehaftung des Vermieters für Mangelfolgeschäden nicht als unbillige Härte angesehen werden, weil den Verkäufer für einen ursprünglichen Rechtsmangel nach § 440 Abs. 1 BGB ebenfalls eine Garantiehaftung treffe.

Dieser Argumentation ist, soweit man sie auf das Mietrecht überträgt, zwar zuzugeben, daß über die Einbeziehung von Mangelfolgeschäden angesichts der Quellen im gemeinen Recht kein Zweifel bestand. Diese Quellen gehen jedoch von einzelnen Fällen aus, die im gemeinen Recht grundsätzlich als Fälle von Verschuldenshaftung interpretiert worden sind. Der Gesetzgeber hat zwar einen singulären Fall von Garantie-

---
[128] Siehe oben S. 36 f.
[129] Vgl. *Diederichsen* (Anm. 26) S. 167.
[130] *Medicus* (Anm. 20), Festschrift für Kern (1968) S. 333.

haftung zur allgemeinen Regel erhoben. Doch über die Einbeziehung von Mangelfolgeschäden hat er offenbar keine näheren Überlegungen angestellt. Deshalb erscheint eine Gesetzesinterpretation, die zur Lösung dieser Problematik auf die Umstände des Einzelfalles abstellt, nicht als Korrektur der gesetzgeberischen Entscheidung, sondern als *restriktive Auslegung*.

Hinzu kommt, daß die Garantiehaftung in den §§ 463 S. 1, 538 Abs. 1 BGB mit der vertraglichen Zusicherung begründet ist, sei es auch mit der bereits aufgrund des Mietvertrages unterstellten Zusicherung. Auch dies spricht dafür, daß eine Gesetzesinterpretation, die die besonderen vertraglichen Umstände berücksichtigt, das Gesetz verwirklicht und nicht korrigiert. Unstreitig ist schließlich, daß die §§ 463, 538 BGB, soweit sie eine Garantiehaftung anordnen, dispositives Recht sind. Deswegen wollen manche[131] im Falle des § 538 BGB die Umstände des Einzelfalles gegebenenfalls in der Weise berücksichtigen, daß sie einen konkludenten Ausschluß der Garantiehaftung annehmen. Diese Konstruktion führt zum selben Ergebnis, beruht jedoch auf einer Unterstellung. Es geht indessen nicht darum, die vom Gesetz unterstellte Zusicherung durch eine weitere Unterstellung wieder auszuschließen. Vielmehr sollen vertragliche Umstände, die die gesetzlich unterstellte Zusicherung widerlegen, unmittelbar Berücksichtigung finden. In dieser Weise sollte das Problem der Mangelfolgeschäden bei der Garantiehaftung des Vermieters gelöst werden. Das aber bedeutet zugleich, daß die Rechtsprechung zu § 538 Abs. 1 BGB an diejenige zum Kaufrecht angepaßt werden sollte und nicht umgekehrt.

Die hier vorgeschlagene Behandlung der Problematik der Garantiehaftung des Vermieters, die den jeweiligen Besonderheiten des einzelnen Mietvertrages gerecht zu werden vermag, sieht sich sogleich dem Einwand ausgesetzt, daß der Hinweis auf den Vertrag allzu unbestimmt läßt, wann die Garantiehaftung eingreift und wann nicht. Man wird zu bedenken geben, der Gesetzgeber habe nun einmal gegenüber der Kasuistik des gemeinen Rechts eine vom Einzelfall unabhängige allgemeine Regelung getroffen und dabei eventuelle Härten bewußt in Kauf genommen[132].

Solche Bedenken schlagen jedoch nicht durch. Denn die Garantiehaftung selbst soll de lege lata nicht in Zweifel gezogen werden. Vielmehr soll das Gesetz nur einschränkend ausgelegt werden. Es soll nicht auf solche Fälle bezogen werden, in denen die dem Gesetz zugrunde liegende Unterstellung, der Mietvertrag enthalte eine Zusicherung jeglicher Man-

---

[131] *Medicus*, Bürgerliches Recht⁹ (1979) S. 161 Rdnr. 352; *Benöhr*, NJW 1974, 648; *Hensche*, Der Schadensersatzanspruch wegen Nichterfüllung im Recht der Sachmängelgewährleistung (Diss. Bonn 1975) S. 66 f. Anm. 2.
[132] *Hensche* (Anm. 131) 67 Anm. 2.

## II. Die Garantiehaftung des Vermieters und des Verkäufers

gelfreiheit, durch den Vertrag selbst entweder nicht nahegelegt oder geradezu widerlegt wird. Dabei kann die Vertragsauslegung ergeben, daß der Vermieter nicht für Mangelfolgeschäden einzustehen hat, gegebenenfalls aber auch, daß er überhaupt nicht ohne Verschulden haftet. In solchen Fällen richtet sich, da die Garantiehaftung des § 538 Abs. 1 BGB nicht eingreift, die Haftung des Vermieters nach den Grundsätzen der positiven Vertragsverletzung. Enthält der Mietvertrag aber keine Anhaltspunkte, die gegen die gesetzlich unterstellte Zusicherung jeglicher Mangelfreiheit sprechen, dann bleibt es bei der Garantiehaftung.

Die Möglichkeit der Einschränkung der Garantiehaftung ist hier — im Vergleich mit dem Kaufrecht — zunächst nur für die spezifische Problematik der Mangelfolgeschäden entwickelt worden. Weil eine solche Einschränkung aber nur in Betracht kommt, wenn die gesetzlich unterstellte Garantie selbst zu verneinen ist, muß die Garantiehaftung auch einschränkbar sein, wenn es nicht gerade um einen Folgeschaden geht. Damit aber wird die Meinung bestätigt, die ohnehin die allgemeine Garantiehaftung des Schuldners für sein anfängliches Leistungsunvermögen je nach den Umständen des Einzelfalles für einschränkbar hält[133].

---

[133] Siehe oben S. 42 f.

## F. Die Einschränkung der Garantiehaftung

Die hier für richtig gehaltene einschränkende Auslegung der gesetzlichen Garantiehaftung führt nicht notwendigerweise zu einer Korrektur der praktischen Ergebnisse der Judikatur. Im Gegenteil: Auch die Rechtsprechung schränkt die im Prinzip für unantastbar erklärte Garantiehaftung von Fall zu Fall dann doch ein, wenn auch mit einer anderen Technik der Gesetzesinterpretation als einer restriktiven Auslegung der gesetzlich unterstellten Garantie.

### I. Praktische Kasuistik

Die Rechtsprechung erreicht eine Einschränkung der Garantiehaftung vor allem durch einen von Fall zu Fall eingeschränkten *Fehler*-Begriff, an den diese Haftung anknüpft. Der BGH[134] vertritt die Auffassung, eine Eingrenzung dieser strengen Haftung lasse sich „lediglich dadurch erreichen, daß der Begriff des Fehlers der Mietsache nicht über das vertretbare Maß ausgeweitet wird".

#### 1. Die Einschränkung des Fehler-Begriffs

Was als Fehler der Mietsache anzusehen ist, bestimmt sich nach dem von den Parteien verabredeten Gebrauch *(subjektiver Fehlerbegriff)*. Insoweit kommt es unstreitig auf den einzelnen Vertrag an. Darüber hinaus bestimmt aber die Rechtsprechung den Fehlerbegriff nach allgemeinen Kriterien. Danach kommt es nicht darauf an, daß ein Fehler der Mietsache selbst anhaftet. Eine Mietsache ist vielmehr auch dann fehlerhaft, wenn tatsächliche oder rechtliche Verhältnisse oder Zustände gegeben sind, die mit der Mietsache zusammenhängen und sie in ihrer Tauglichkeit zu dem vertragsmäßigen Gebrauch unmittelbar beeinträchtigen[135]. Dies ist insbesondere dann der Fall, wenn etwa Naturkräfte auf die Mietsache gefahrdrohend einwirken[136] oder wenn der Gebrauch der Mietsache behördlichen Beschränkungen unterliegt[137].

Dieser extensive Fehler-Begriff entspricht bereits der Rechtsprechung des Reichsgerichts. Das RG[138] hatte im Jahre 1920 über die Schadens-

---

[134] BGH, NJW 1971, 424 (426); vgl. auch BGH, WM 1968, 1306 (1307).
[135] BGH, NJW 1971, 424 (425) mit Nachw. Vgl. ferner BGH, NJW 1972, 944; LG Hamburg, NJW 1973, 2254; LG Frankfurt, NJW 1976, 1355.
[136] BGH, NJW 1971, 424.

## I. Praktische Kasuistik

ersatzklage eines Pächters aus § 538 BGB zu entscheiden, der das gepachtete Grundstück wegen Versumpfung, die durch Steigen des Grundwasserspiegels eingetreten war, nicht in der vorgesehenen Weise nutzen konnte. Die Versumpfung war zwar erst zwei Jahre nach Vertragsschluß eingetreten. Ursache dafür war aber, daß der unter und neben dem Grundstück seit Jahrzehnten betriebene Bergbau ein Jahr vor Vertragsschluß eingestellt worden war. Dadurch nämlich war eine Wasserhebung, die bislang den Grundwasserspiegel niedrig gehalten hatte, weggefallen.

Während das Berufungsgericht der Meinung war, bei Begründung des Pachtverhältnisses habe „zwar die Ursache des Mangels, noch nicht aber dieser selbst vorgelegen", hat das RG einen anfänglichen Mangel des Pachtgrundstückes angenommen und deswegen eine Garantiehaftung des Verpächters bejaht: Ein Pachtgrundstück sei mangelhaft i. S. der §§ 537, 538, wenn es „vermöge seiner räumlichen Beziehung zu gewissen Gefahrenquellen vom Pächter in der Befürchtung benutzt werden" könne, „daß durch die Verwirklichung der nicht fernliegenden Gefahr der Erfolg der Bewirtschaftung vereitelt oder verringert" werde.

Damit vertritt das RG einerseits einen weiten Fehlerbegriff. Andererseits deutet das Gericht durch die Formulierung „nicht fernliegende Gefahr" an, daß es dem Fehlerbegriff Grenzen setzen will. Dies entspricht auch der Rechtsprechung des BGH[139], der den Fehlerbegriff von Fall zu Fall einschränkt: Ein Fehler der Miet- oder Pachtsache liege dann nicht vor, wenn die Einwirkung von Naturkräften auf die Mietsache nicht voraussehbar gewesen sei. Das gleiche soll gelten[140], wenn mit einer behördlichen Entscheidung, die die Nutzung beschränkt, nicht habe gerechnet werden können.

a) Einen solchen eingeschränkten Fehlerbegriff vertritt der BGH in dem eingangs geschilderten[141] Hochwasser-Fall. Diese Rechtsprechung geht zurück auf ein Urteil des *OLG Hamburg* aus dem Jahre 1918[142]. Hier ging es um die Schadensersatzforderung eines Klägers, der in Hamburg Kellerräume zur Lagerung von Waren gemietet hatte, die während der ungewöhnlich hohen Sturmflut des Jahres 1916 überschwemmt wurden, weil die Räume gegen eine Sturmflut dieses Ausmaßes nicht hinreichend gesichert waren.

---

[137] BGH, LM BGB § 537 Nr. 17 mit Nachw.; vgl. ferner OLG Hamm, ZMR 1970, 236 mit Nachw.
[138] RG, JW 1921, 334 mit Anm. von *Partsch;* siehe unten S. 64 f.
[139] BGH, NJW 1971, 424 (425).
[140] BGHZ 68, 294.
[141] Siehe oben S. 14 f.
[142] OLG Hamburg, SeuffArch. 73 (1918) Nr. 118.

Im Mittelpunkt des Urteils stehen die Ausführungen des Gerichts zum Fehler-Begriff i. S. der §§ 537, 538: Wie das OLG ausführt, ist „an und für sich die Schutzlosigkeit des klägerischen Grundstücks gegen Einwirkungen derartiger — selbst ungewöhnlicher — Hochfluten" ein Mangel der Mietsache. Das Gericht fügt aber sogleich hinzu, daß ein solcher „tatsächlich vorhandener Mangel wegen des ganz ausnahmsweise vorkommenden Auftretens seiner schädlichen Wirkungen als Mangel im Rechtssinn nicht anzusehen sei". Nach Auffassung des OLG gibt es Unzulänglichkeiten, die „von der Verkehrsanschauung nicht als vertretbare Mängel angesehen werden, weil die sie hervorrufenden Ereignisse so selten und so ungewöhnlich sind, daß im Verkehr mit ihrem Eintreten nicht gerechnet wird und daher Vorkehrungen gegen sie im allgemeinen nicht getroffen zu werden pflegen".

Im gegebenen Fall hat das OLG Hamburg dann doch einen zu vertretenden Mangel angenommen, weil der Vermieter nach den Umständen größere Sicherungsmaßnahmen hätte treffen müssen. Auch wenn das Gericht von einem „zu vertretenden Mangel" spricht, läßt es keinen Zweifel darüber, daß es die Voraussetzungen eines anfänglichen Mangels i. S. der 1. Variante des § 538 BGB prüft.

In Übereinstimmung mit dem Urteil des OLG Hamburg hat das *Kammergericht* im Jahre 1941[143] die Lage eines Hauses, in dem der Kläger wiederum Kellerräume zur Lagerung von Waren gemietet hatte, als einen Fehler der Mietsache angesehen, weil es in einem behördlich ausgewiesenen Hochwasserabflußgebiet lag. Denn in einem solchen Gebiet müsse mit dem Auftreten von Hochwasser gerechnet werden, mag es sich auch um eine Naturkatastrophe handeln.

Dieser Rechtsprechung hat sich der BGH im Hochwasser-Fall von 1970 angeschlossen[144]: Es gehe nicht an, „aus der bloßen Tatsache, daß die Möglichkeit einer schädlichen Einwirkung von Naturkräften auf die Mietsache besteht, jedenfalls dann, wenn eine solche Einwirkung zur Zeit des Abschlusses des Mietvertrages nicht vorsehbar und darüber hinaus kein Anhaltspunkt dafür gegeben war, daß eine solche Einwirkung befürchtet werden mußte, den Schluß zu ziehen, daß eine Mietsache fehlerhaft ist, wenn sie wider alles Erwarten dennoch durch eine Naturkatastrophe in Mitleidenschaft gezogen wird".

b) Das eingangs wiedergegebene Campingplatz-Urteil des *OLG Koblenz*[145], das der BGH im Hochwasser-Fall inzident zwar nicht in der Begründung, aber im Ergebnis billigt, beruht ebenfalls auf einem eingeschränkten Fehlerbegriff. Das OLG hält den gemieteten Campingplatz

---
[143] KG, DR 1941, 2337.
[144] BGH, NJW 1971, 424 (425).
[145] OLG Koblenz, NJW 1966, 2017; siehe oben S. 13 ff.

## I. Praktische Kasuistik

trotz seiner Lage neben der gefahrdrohenden Buche nicht für fehlerhaft, weil die Gefahrenquelle in den natürlichen Gegebenheiten des Platzes ihren Ursprung hatte und für niemanden erkennbar gewesen sei. Eine dem Mietgegenstand nicht anhaftende, von außen drohende Gefahr sei nach der Verkehrsauffassung nicht als Fehler anzusehen. Der BGH[146] sieht sowohl dieses Campingplatz-Urteil als auch das Hochwasser-Urteil von der gemeinsamen Erwägung getragen, daß eine sich aus der Lage der Mietsache ergebende, aber nur unter außergewöhnlichen Umständen wirksam werdende Gefahrenquelle keinen Fehler der Mietsache darstelle.

Unter Berufung auf das Campingplatz-Urteil des OLG Koblenz vertritt schließlich auch das *LG Verden* in einer Entscheidung aus dem Jahre 1975[147] einen eingeschränkten Fehlerbegriff. In diesem Fall hatte ein Camper sich beim Fußballspielen auf einer zum Campingplatz gehörenden ehemaligen Kuhweide den Fuß verletzt, als er in eine Bodenvertiefung trat. Der Geschädigte berief sich auf die Garantiehaftung des Vermieters, drang damit aber nicht durch. Denn das LG vertritt die Auffassung, die Beschaffenheit der Campingplatzwiese stelle keinen Mangel dar, weil die Parteien diese Beschaffenheit beim Vertragsschluß gemeinsam vorausgesetzt haben. Wie das Gericht ausführt, wäre es weltfremd zu verlangen, solche Weiden müßten so lange für Besucher gesperrt werden, wie nicht alle Löcher eingeebnet seien, und dürften auch nicht an Personen zur Verfügung gestellt werden, die sie in genauer Kenntnis ihrer Beschaffenheit benutzen wollen. Gerade auf Campingplätzen bestehe ein Bedürfnis, auch natürliche und unbearbeitete Gelände mitbenutzen zu können. Dieser Auslegung entspreche die entscheidende Verkehrsauffassung.

c) Mit der Rechtsprechung zum Fehlerbegriff in den Fällen, in denen die Mietsache gefährlichen Naturkräften wie Hochwasser oder schadhaften Bäumen ausgesetzt ist, läßt sich auch die Rechtsprechung in den Fällen vergleichen, in denen die vertraglich vorgesehene Nutzung der Mietsache behördlichen Beschränkungen unterliegt. Grundsätzlich stellen solche Beschränkungen einen Sachmangel dar. Und wenn schon beim Vertragsschluß die Mietsache sich in einem Zustand oder in einer Lage befindet, aufgrund welcher die Behörde die Nutzung untersagen oder beschränken kann, dann trifft den Vermieter die Garantiehaftung des § 538 BGB.

Andererseits aber liegt nach der Auffassung des BGH[148] trotz einer solchen Lage ein anfänglicher Sachmangel nicht vor, wenn eine Behörde

---
[146] BGH, NJW 1971, 424 (425).
[147] LG Verden, VersR 1976, 299 (300).
[148] BGHZ 68, 294.

nach jahrelanger Duldung einer bestimmten Nutzung ihre Rechtsauffassung ändert und nunmehr die Nutzung untersagt. Deshalb hat der BGH im Jahre 1977 die Schadensersatzklage des Pächters einer Diskothek abgewiesen, deren Betrieb nach anfänglicher Zulassung auf Betreiben der durch den Lärm gestörten Nachbarn mit der — rechtlich unangreifbaren — Begründung untersagt wurde, die Pachträume lägen in einem baulichen Mischgebiet i. S. von § 6 der Baunutzungsverordnung, wo nur „nicht wesentlich störende Gewerbebetriebe" zulässig sind. Obwohl die Pachträume schon beim Vertragsschluß in diesem Gebiet lagen und also bereits zu diesem Zeitpunkt die Nutzungsbeschränkung gegeben war, verneint der BGH einen anfänglichen Mangel, weil damals mit einem späteren behördlichen Einschreiten nicht gerechnet werden konnte. Wenn eine behördliche Entscheidung gleichsam wie ein Naturereignis, das niemand voraussehen konnte, auf die Parteien hereinbricht, dann soll den Verpächter dafür nicht die Garantiehaftung treffen.

## 2. Kritik

Diese Rechtsprechung zum Fehler-Begriff führt zwar zu dem erwünschten Ergebnis einer Einschränkung der Garantiehaftung des Vermieters. Doch die begriffliche Argumentation selbst vermag nicht zu überzeugen.

a) Wenn einerseits eine Mietsache schon aufgrund ihrer Lage oder ihrer räumlichen Beziehung zu einer anderen, auf sie gefahrdrohend einwirkenden Sache fehlerhaft ist, andererseits aber ein Fehler nicht vorliegen soll, wenn man mit der Verwirklichung der Gefahr nicht rechnen konnte, dann führt dies zu dem Satz: Ein Fehler liegt nicht vor, wenn nicht zu erwarten ist, daß der Fehler sichtbar wird. Ein solcher Satz gibt sprachlich nur dann einen Sinn, wenn man mit einem doppelten Fehlerbegriff arbeitet. In dieser Weise verfährt das OLG Hamburg[149] in seiner Hochwasser-Entscheidung: „An sich" stelle die Schutzlosigkeit der Mietsache auch gegen ungewöhnliche Hochfluten einen Fehler i. S. des § 537 BGB dar. Ein solcher „tatsächlich vorhandener Mangel" könne aber u. U. wegen des ganz ausnahmsweise vorkommenden Auftretens seiner schädigenden Wirkungen als „Mangel im Rechtssinne" nicht angesehen werden.

Auch wenn das OLG einen „tatsächlichen" Mangel von einem Mangel im „Rechtssinn" unterscheidet, so geht es doch in Wirklichkeit ausschließlich um den Rechtsbegriff *Mangel*. Was aber ein Mangel ist, hängt von dem verabredeten Gebrauch ab. Nun soll aber dann, wenn das auf die Mietsache einwirkende Hochwasser so ungewöhnlich ist, daß niemand damit rechnen konnte, kein „vertretbarer Mangel" im Rechts-

---
[149] Siehe oben S. 51 f.

## I. Praktische Kasuistik

sinne vorliegen. Die Vertretbarkeit des Mangels kann jedoch kein Bestandteil des Mangelbegriffs sein, wo doch das Gesetz zwischen einem anfänglichen Mangel und einem nachträglichen zu vertretenden Mangel unterscheidet. Und völlig widersinnig ist es, bei der Garantiehaftung für anfängliche Mängel, bei der es auf die Vertretbarkeit gerade nicht ankommen soll, einen „vertretbaren Mangel im Rechtssinne" vorauszusetzen. Wer so verfährt, macht aus der Garantiehaftung des § 538 BGB im Ergebnis eine Verschuldenshaftung.

Der BGH[150] spricht in seiner Hochwasser-Entscheidung zwar nicht von einem „vertretbaren" Mangel. In der Sache bedient er sich aber der gleichen Argumentation wie das OLG Hamburg und beruft sich auch ausdrücklich auf diese Entscheidung. Mit ähnlicher Begründung verneint der BGH[151] einen anfänglichen Mangel in seiner Diskotheken-Entscheidung. Daß er hier mit Hilfe des Fehlerbegriffs die Garantiehaftung zur Verschuldenshaftung verändert, zeigt sich besonders deutlich daran, daß er mit derselben Erwägung, mit der er einen anfänglichen Mangel der Pachtsache verneint, auch eine Haftung aus *culpa in contrahendo* ablehnt: Weil der Verpächter das spätere Verhalten der Behörde beim Vertragsschluß nicht vorhersehen konnte, fehlt es an dem für eine Haftung aus c. i. c. erforderlichen Verschulden. Und aus dem gleichen Grunde soll die Pachtsache beim Vertragsschluß auch keinen Mangel gehabt haben. Obwohl das Gesetz für diesen Fall eine Garantiehaftung vorsieht, verneint der BGH ihre Voraussetzungen mit Erwägungen, die eine Verschuldenshaftung betreffen[152].

b) Das vom BGH im Hochwasser-Fall aufgestellte Kriterium für den Fehlerbegriff, die Einwirkung von Naturkräften auf die Mietsache müsse voraussehbar sein, überzeugt nicht nur nicht. Der BGH vertritt es auch selbst nicht allgemein, sondern nur von Fall zu Fall. Dies zeigen insbesondere seine inzidente Zustimmung zum Campingplatz-Urteil des OLG Koblenz einerseits und seine Hotelparkplatz-Entscheidung andererseits[153]. Dem Urteil des OLG Koblenz pflichtet der BGH insoweit bei, als es von der Erwägung getragen wird, daß eine sich aus der Lage der Mietsache ergebende, aber nur unter außergewöhnlichen Umständen wirksam werdende Gefahrenquelle keinen Fehler der Mietsache darstelle. In seinem Hotelparkplatz-Urteil geht der BGH jedoch davon aus, daß der gemietete Parkplatz fehlerhaft war, weil er neben der gefahrdrohenden Buche stand, obwohl auch in diesem Fall der Zustand des Baumes nicht erkennbar war und der Ast sozusagen aus heiterem Himmel auf das Fahrzeug des Geschädigten herabgestürzt war. Der BGH

---
[150] Siehe oben S. 14 f.
[151] Siehe oben S. 53 f.
[152] Vgl. dazu bereits *Krampe*, JZ 1978, 438 ff.
[153] Siehe oben S. 12 ff.

geht auf den eingeschränkten Fehlerbegriff, den er im Hochwasser-Fall vertreten hat, im Hotelparkplatz-Urteil mit keinem Wort ein, um dann aber im Diskotheken-Urteil sich wiederum eines eingeschränkten Fehlerbegriffs zu bedienen. Die Rechtsprechung zum Fehlerbegriff ist also *kasuistisch*: In dem einen Fall gilt dieser, in dem anderen jener Fehlerbegriff. Nun ist es zwar richtig, daß der subjektive Fehlerbegriff eine am Einzelfall orientierte Begriffsbestimmung verlangt. Darum geht es aber in den hier genannten Fällen nicht. Die Rechtsprechung ist vielmehr in dem Sinne kasuistisch, daß sie ein allgemeines Kriterium für den Fehlerbegriff aufstellt, das sie dann aber nur von Fall zu Fall gelten läßt.

### 3. Die Einschränkung der gesetzlichen Garantie

Auch wenn die Rechtsprechung zum Fehlerbegriff gerade in ihrer Begrifflichkeit nicht überzeugt, so leuchten doch die Ergebnisse der genannten Entscheidungen vollkommen ein. Es geht ja auch nicht darum, den Fehlerbegriff im Einzelfall so eng zu definieren, daß dann auch die Garantiehaftung entfällt. Vielmehr geht es um die Einschränkung der gesetzlichen Garantie selbst.

#### a) Höhere Gewalt

In den Fällen, in denen der Mieter durch Hochwasser geschädigt wird, spricht gegen eine Garantiehaftung des Vermieters, daß Hochwasser ein Fall *höherer Gewalt* ist. Daß Lagerräume, die nicht hinreichend gegen Hochwasser geschützt sind, insoweit einen Sachmangel haben, läßt sich kaum leugnen. Nichts spricht jedoch dafür, daß der Vermieter aufgrund des Mietvertrages die Abwesenheit eines solchen Mangels zusichert. Höhere Gewalt ist typischerweise nicht ein einseitiges, sondern ein gemeinschaftliches Vertragsrisiko. In einem solchen Fall kann ein Schaden dessen, bei dem sich das Risiko verwirklicht, nicht auf den Vertragspartner abgewälzt werden. Dies entspricht der Auffassung etwa von *Larenz*, der eine Garantiehaftung des Schuldners für anfängliches Unvermögen verneint, wenn das Leistungshindernis auf höherer Gewalt beruht[154].

Eine ganz andere Frage ist es, ob mit dem Hochwasser gerechnet werden konnte und der Vermieter deshalb zu hinreichenden Sicherungsmaßnahmen verpflichtet war. Wenn dies zu bejahen ist, dann handelt es sich um einen vertretbaren Mangel. Ein solcher löst nicht, wie das OLG Hamburg meint, die Garantiehaftung aus. Vielmehr haftet der Vermieter in diesem Falle nur bei schuldhafter Verletzung einer Verkehrssicherungspflicht, also aus positiver Vertragsverletzung und unerlaubter Handlung,

---
[154] Siehe oben S. 42 f.

nicht aber aus gesetzlicher Garantie. Deshalb ist es im Ergebnis zwar richtig, daß es darauf ankommt, ob mit dem Hochwasser zu rechnen war oder nicht. Damit wird aber nicht die Frage beantwortet, ob die Mietsache einen Fehler hatte, sondern ob der Hochwasserschaden des Mieters dem Vermieter zurechenbar ist. Wenn der Mieter durch das Hochwasser seine in dem gemieteten Raum gelagerten Waren verliert, so erleidet er einen Mangelfolgeschaden. Für einen solchen haftet der Vermieter nach den genannten Maßstäben, wenn ihn ein Verschulden trifft. Auf die Streitfrage, ob die Garantiehaftung auch einen Mangelfolgeschaden umfaßt, kommt es also nicht an.

### b) Die Zulässigkeit der Nutzung nach der BauNVO

Auch im Diskotheken-Urteil hat der BGH eine Garantiehaftung des Verpächters im Ergebnis mit Recht abgelehnt. In diesem Fall ist entscheidend, daß die *Zulässigkeit der vorgesehenen Nutzung nach der Baunutzungsverordnung* ein gemeinschaftliches Vertragsrisiko ist, das nicht einseitig dem Verpächter zugeschoben werden kann. Wer Räume zum Betrieb einer Diskothek verpachtet, muß sich zwar über die Zulässigkeit dieser Nutzung vergewissern und dafür einstehen, falls er dies versäumt. Er wird aber kaum dafür garantieren, daß eine Behörde, die den Betrieb zunächst für zulässig gehalten hat, diese Rechtsauffassung ständig beibehält. Wenn die Behörde nach anfänglicher Duldung später ihre Rechtsauffassung ändert und den Betrieb untersagt, so trifft den Verpächter dafür deshalb keine Garantiehaftung, weil die vom Gesetz unterstellte Zusicherung jeglicher Mangelfreiheit sich nicht auch darauf erstreckt, daß die behördliche Rechtsauffassung unverändert bleibt. Denn eine solche Tragweite hätte auch eine allgemeine vertragliche Garantiezusage nicht.

Andererseits aber sollte nicht zweifelhaft sein, daß Räume einen Sachmangel haben, wenn sie in einem baulichen Mischgebiet zum Betrieb einer Diskothek verpachtet werden. Denn in einem solchen Gebiet ist der Betrieb einer Diskothek, die für die Nachbarn eine wesentliche Störung bedeutet, nach der BauNVO unzulässig, mag die Behörde dies auch zum Zeitpunkt des Vertragsschlusses anders beurteilt haben.

### c) Einwirkung eines Dritten

Die Garantiehaftung des Vermieters bedarf sodann einer Einschränkung in den Fällen, in denen der anfängliche Sachmangel auf der *Einwirkung eines Dritten* beruht. Dies gilt insbesondere für die sich immer häufiger ereignenden Fälle, in denen landwirtschaftlich genutzte Grundstücke durch Lagerung von Giftmüll verseucht werden, so daß ein Pächter einen Schaden, etwa auch einen Mangelfolgeschaden erleidet. Hier sollte die zivilrechtliche Verantwortung allein den Verursacher treffen, nicht aber denjenigen, der das von dem Dritten verseuchte und deshalb mangelhafte Grundstück ohne Verschulden verpachtet hat.

Zu denken ist etwa auch an die Fälle, in denen durch feinsten Industriestaub an Kraftfahrzeugen Lackschäden entstehen, was in Industriestädten vorkommt. Hier ist eine Haftung des verursachenden Betriebs sicher problematisch. Aber sie sollte auf keinen Fall einen eventuellen Vermieter eines Parkplatzes treffen, auf dem der in dieser Weise Geschädigte seinen PKW abgestellt hat. Auch hier ist eine Einschränkung der gesetzlichen Garantiehaftung geboten, weil der Sachmangel auf der Einwirkung eines Dritten beruht, eine Fallgruppe, in der *Larenz*[155] mit Recht generell für eine Einschränkung der Garantiehaftung des Schuldners für sein ursprüngliches Leistungsunvermögen eintritt.

### d) Die natürliche Lage der Mietsache

Auch das Campingplatz-Urteil des OLG Koblenz verdient darin Zustimmung, daß es eine Garantiehaftung des Vermieters verneint. Die vom OLG selbst gegebene Begründung leuchtet allerdings nicht ein. Das Gericht verneint „nach der Verkehrsauffassung" einen Fehler des gemieteten Platzes, weil es sich bei dem auf ihn schädigend einwirkenden Baum um eine von außen drohende, der Mietsache nicht anhaftende Gefahr gehandelt habe, die nicht erkennbar war. Für die Garantiehaftung kommt es jedoch weder darauf an, daß der Mangel der Mietsache unmittelbar anhaftet, noch darauf, daß der Mangel erkennbar war[156]. Entscheidend ist vielmehr, daß es sich um eine Campingplatz-Miete handelt, bei der es den Parteien auf die *natürliche Lage* des Platzes am Waldrand ankam. Nun ist ein Platz neben einem schadhaften Baum sicher zum Abstellen eines PKW ungeeignet und daher mangelhaft. Wenn aber die natürliche Lage der Mietsache den besonderen Vertragszweck kennzeichnet, dann kann die gesetzlich unterstellte Zusicherung der Mangelfreiheit nicht auch einen solchen Mangel umfassen, der gerade aus dieser von den Parteien vorausgesetzten Lage der Mietsache folgt. Der Campingplatz-Inhaber muß den Mangelfolgeschaden des Mieters also deshalb nicht ersetzen, weil die vom Gesetz unterstellte Zusicherung durch die besonderen Umstände des Vertrages als widerlegt erscheint. Das gleiche gilt für den Fall des LG Verden: Wer auf einer Campingplatz-Wiese Fußball spielt und dabei einen Schaden erleidet, der auf der besonderen Beschaffenheit dieser ehemaligen Kuhweide beruht, kann nicht Schadensersatz unter dem Gesichtspunkt der Garantiehaftung ver-

---

[155] Siehe oben S. 42.
[156] Vgl. *Hoffmann*, NJW 1967, 50; BGH, NJW 1972, 944 = L. M., § 537 BGB Nr. 20.

langen, weil die besonderen Umstände des Vertrages die gesetzliche Garantie widerlegen.

Der Hotelparkplatz-Fall des BGH weist gegenüber dem Campingplatz-Fall des OLG Koblenz unter dem Gesichtspunkt des Fehlers der Mietsache keinen Unterschied auf: In beiden Fällen befand sich der Stellplatz für den PKW neben einer schadhaften Buche, die gefahrdrohend auf den Platz einwirkte. Käme es also auf den Fehlerbegriff an, dann müßten beide Fälle gleich entschieden werden. Doch die beiden Fälle liegen nicht gleich: Im einen Fall handelt es sich um die Miete eines Campingplatzes, im anderen um die Miete eines Hotelparkplatzes. Allein dieser Unterschied rechtfertigt die unterschiedlichen Entscheidungsergebnisse. Während im Campingplatz-Fall die natürliche Lage der Mietsache am Waldrand gegen eine Garantiehaftung spricht, läßt sich im Hotelparkplatz-Fall kaum sagen, daß die Lage des Parkplatzes gerade neben dem Baum den besonderen Vertragszweck kennzeichnet. In diesem Fall kommt es dem Hotelgast typischerweise nur darauf an, für seinen PKW eine sichere Stellfläche zu haben. Deshalb hat der BGH hier zu Recht die Garantiehaftung des Vermieters für den Mangelfolgeschaden des Mieters bejaht.

e) Der Buch-Fall Sibers

Andererseits bedarf es schließlich einer Einschränkung der Garantiehaftung des Vermieters in dem von *Siber* erfundenen Beispiel[157], wonach sich der Mieter eines zuvor von einem Kranken benutzten Buches beim Lesen infiziert. *Rengier*[158] begründet diese Einschränkung wie folgt: Man müsse zwischen dem Gebrauchsinteresse und dem Integritätsinteresse unterscheiden. Der Mieter könne vom Vermieter unter dem Gesichtspunkt der Garantiehaftung immer nur das Gebrauchsinteresse verlangen. Dieses könne jedoch je nach den Umständen des Falles auch das Integritätsinteresse umfassen. Nur unter dieser Voraussetzung seien die Mangelfolgeschäden in die Garantiehaftung des Vermieters einbezogen. So müsse zwar der Vermieter einer mangelhaften Wohnung einen Körperschaden des Mieters ersetzen, nicht aber eine Mietbücherei in dem genannten Beispiel *Sibers*. Denn die Lesbarkeit des Buches werde nicht dadurch tangiert, daß sich Krankheitserreger daran befinden.

Diese Argumentation vermag nicht zu überzeugen: Ein infiziertes Buch ist zum Lesen ebensowenig geeignet wie eine mangelhafte Wohnung zum Wohnen. Das von *Rengier* vorgeschlagene Differenzierungs-

---

[157] *Siber* (Anm. 8) S. 284; vgl. auch *Diederichsen* (Anm. 26) S. 167 f. und *Rengier* (Anm. 13) S. 71 f.
[158] *Rengier* (Anm. 13) S. 67 ff. (71 f.).

kriterium zwischen dem Gebrauchsinteresse und dem Integritätsinteresse des Mieters scheint mir deshalb keinen Fortschritt zu bringen, weil kaum begründet werden kann, weshalb das Gebrauchsinteresse in dem einen Fall — etwa bei der Wohnungsmiete — das Integritätsinteresse umfassen soll, im anderen Fall — etwa bei der Miete eines Buches — aber nicht. Dennoch verdient *Rengier* Zustimmung, wenn er bei so grundverschiedenen Mietverhältnissen wie der Wohnraummiete und der Miete eines Buches hinsichtlich der Garantiehaftung des Vermieters differenziert. Entscheidend ist, was auch *Rengier* hervorhebt, daß die besonderen Umstände des Vertrages bei der Miete eines Buches eine Garantiehaftung nicht nahelegen: Die Miete bezieht sich nämlich auf ein Buch, das bereits von anderen Lesern benutzt wurde. Niemand erwartet, daß vor einer erneuten „Ausleihe" das Buch desinfiziert wird. Darum gilt für einen solchen Fall auch nicht die gesetzliche Unterstellung, der Vermieter habe die Keimfreiheit stillschweigend zugesichert.

## II. Bürgerliches und römisches Recht

Das geltende bürgerliche Recht sieht im Fall anfänglicher Mängel der Mietsache die Garantiehaftung des Vermieters vor. Mit dieser Regelung wollte der Gesetzgeber die kasuistische Behandlung der Problematik im gemeinen Recht durch eine allgemeine Regel ablösen[159]. Nach römischem Recht (D. 19, 2, 19, 1) trifft zwar den Vermieter undichter Weinfässer eine Garantiehaftung, nicht aber den Verpächter einer Viehweide, auf der giftige Gräser wachsen[160]. Solche Differenzierungen nach den Umständen des jeweiligen Miet- oder Pachtvertrages sollten nach der Vorstellung des Gesetzgebers mit dem Inkrafttreten des BGB vermutlich für immer der Vergangenheit angehören. Wer indessen der hier entwickelten Interpretation des § 538 BGB folgt, gelangt zu der Feststellung, daß es für die Reichweite der gesetzlichen Garantiehaftung nach wie vor auf den Einzelfall ankommt: Im geltenden bürgerlichen Recht ist der Campingplatz-Fall anders zu behandeln als der Hotelparkplatz-Fall, ebenso wie im römischen Recht der Weinfaß-Fall anders zu lösen ist als der Viehweide-Fall.

### 1. Die Lösung der Fälle von D. 19, 2, 19, 1 nach geltendem Recht

Die beiden Fälle des römischen Rechts wären auch nach geltendem Recht differenziert zu behandeln. Dabei ist die Garantiehaftung des Vermieters von Weinfässern unproblematisch, weil gerade dieser Fall der Regelung des BGB zugrunde liegt. Dagegen würde entgegen dem ersten Anschein der Verpächter einer Viehweide, auf der giftige Gräser wach-

---
[159] Siehe oben S. 34 ff.; 48.
[160] Siehe oben S. 21 ff.

sen, nach geltendem Recht für das Eingehen des Viehs ebenso nur bei Verschulden haften, wie er nach römischem Recht nur bei Kenntnis des Mangels einzustehen hat. Man wende nicht ein, der in den Digesten behandelte Fall sei antiquiert und darum für das geltende Recht nicht relevant. Vielmehr lag einer Entscheidung des *OLG Düsseldorf* aus dem Jahre 1974[161] gerade ein solcher Sachverhalt zugrunde, auch wenn die Mängelhaftung hier nicht erörtert zu werden brauchte.

In diesem Fall hatte der Kläger eine Viehweide gepachtet, auf die vom Nachbargrundstück Zweige einer giftigen Eibenhecke herüberragten. Mehrere Kühe des Pächters fraßen davon und gingen ein. Der Geschädigte verlangte nun von dem Eigentümer des Nachbargrundstücks Schadensersatz wegen schuldhafter Verletzung einer Verkehrssicherungspflicht. Dies hat das OLG jedoch verneint und darum die Klage abgewiesen. Nach der herrschenden Doktrin hätte sich der Pächter aber an den Verpächter halten können. Ihn hätte nämlich die Garantiehaftung getroffen, weil die gepachtete Weide, auf welche die giftigen Zweige schon beim Vertragsschluß gefahrdrohend einwirkten, mangelhaft war. Nach der hier vertretenen These müßte eine solche Klage jedoch ebenfalls abgewiesen werden. Denn der Pachtvertrag legt eine Garantie insoweit nicht nahe, wie ja auch eine Vertragsklausel, wonach der Verpächter die Mangelfreiheit der Viehweide garantiere, kaum die Zusicherung einschließen würde, daß auf oder neben der Weide keine giftigen Pflanzen wachsen. Vielmehr sprechen die lebensnahen Gründe, mit denen das OLG Düsseldorf eine Verschuldenshaftung des Nachbarn verneint[162], auch gegen eine Garantiehaftung des Verpächters:

„In einem Fall wie dem vorliegenden kann davon ausgegangen werden, daß Menschen und Tiere sich im allgemeinen — von besonderen Sachgestaltungen abgesehen — vor den Gefahren hüten können, die ihnen durch giftige Pflanzen, Sträucher und Bäume drohen. Bei Tieren ist weitgehend ein Instinkt ausgebildet, der sie davor bewahrt, giftige Pflanzen zu fressen, jedenfalls solange ihnen genügend anderes Futter zur Verfügung steht. Soweit dieser Instinkt bei Haustieren erheblich herabgesetzt ist, muß erwartet werden, daß der Besitzer die Gefahren abwehrt, die den Tieren daraus entstehen können ... Es kann davon ausgegangen werden, daß Landwirte die Gefahren kennen, die sich für ihre Tiere aus der heimischen Flora ergeben, und daß sie ihre Kühe nicht dort unbeaufsichtigt weiden lassen, wo in Reichweite der Kühe Hecken, Bäume oder Sträucher wachsen, deren Blätter und Triebe für ihre Tiere giftig sind ..."

*2. Kasuistik im römischen und bürgerlichen Recht*

Wenn hier eine Behandlung der Problematik der Sachmängelhaftung des Vermieters vorgeschlagen wird, die sich an die Kasuistik des römi-

---
[161] OLG Düsseldorf, VersR 1975, 541.
[162] OLG Düsseldorf, a.a.O., 542.

schen Rechts wieder annähert, so soll mit dieser These nicht etwa einer Rückkehr zum gemeinen Recht das Wort geredet werden. Mit Inkrafttreten des BGB haben die römischen Quellen ihren Geltungsanspruch für immer verloren. Es handelt sich vielmehr um eine These zum geltenden Recht, die mit dem anerkannten Instrumentarium historischer und systematischer Gesetzesinterpretation sowie anhand des praktischen Fallmaterials begründet ist.

Historische und systematische Gründe gebieten eine kasuistische Behandlung jedenfalls des Problems der Mangelfolgeschäden. Und das praktische Fallmaterial zeigt, daß die Rechtsprechung schon jetzt kasuistisch ist, auch wenn sie vorgibt, nach allgemeinen begrifflichen Kriterien zu entscheiden.

Die *kasuistische Methode* wird oft als Kennzeichen der römischen Rechtswissenschaft hervorgehoben[163]. Die römischen Juristen deduzieren ihre Problemlösungen nicht aus einem systematischen Gebäude. Allgemeinen Regeln gegenüber waren sie stets mißtrauisch. Statt dessen erörtern sie die Probleme anhand des Einzelfalles oder, wie D. 19, 2, 19, 1 exemplarisch zeigt, durch Gegenüberstellung von Einzelfällen. Darin liegt nicht etwa nur eine unverbindliche Aneinanderreihung von Fällen, die irgendwann einmal entschieden und dann gesammelt worden sind. Es handelt sich vielmehr um eine Methode der Problemerörterung, die in der Gegenüberstellung verwandter, aber eben doch verschiedener Fälle zugleich auch die unterschiedliche Lösung des Problems je nach Lage des Einzelfalles deutlich macht[164].

Die kasuistische Methode läßt sich auf eine Rechtsordnung, die auf den allgemeinen gesetzlichen Regeln des BGB beruht, grundsätzlich nicht übertragen. Wenn die Rechtsprechung zum Fehlerbegriff als *kasuistisch* gekennzeichnet wird, so liegt darin sogar ein Vorwurf. Denn ein „kasuistischer Allgemeinbegriff" ist eine contradictio in adiecto. Dennoch ist mit einer gesetzlichen Regelung eine Kasuistik durchaus vereinbar, wenn das Gesetz selbst an den Vertrag anknüpft. Die Kasuistik muß dann aber gerade die unterschiedlichen Fallgestaltungen betreffen und darf nicht die Besonderheiten des Einzelfalles hinter Erwägungen zu einem Allgemeinbegriff verbergen. Mit dieser Maßgabe also ist eine kasuistische Methode auch im geltenden bürgerlichen Recht möglich. Und wenn für die Problematik der Garantiehaftung des Vermieters eine Behandlung vorgeschlagen wird, die sich zwar an die kasui-

---

[163] Vgl. etwa *Schulz*, Prinzipien des römischen Rechts (Nachdr. 1954) S. 34 ff.; *ders.*, Geschichte der römischen Rechtswissenschaft (1961) S. 154; *Wieacker*, Vom römischen Recht² (1961) S. 152; *Kaser*, Römisches Privatrecht I² (1971) Vorwort S. VII, ferner S. 2, 181 f., 210 f.; *ders.*, Zur Methodologie der römischen Rechtsquellenforschung (1972) S. 15, 20, 30.

[164] Vgl. *Wieacker* (Anm. 163) S. 152.

stische Methode der Römer annähert, aber doch aus den Bedingungen des geltenden Rechts selbst rechtfertigt, dann liegt darin kein Schritt zurück in eine rechtswissenschaftlich überholte Epoche. Vielmehr erscheint eine solche Problemlösung zusätzlich *dogmengeschichtlich* abgesichert.

## III. Französisches und deutsches Recht

Die hier für das deutsche Recht vertretene Problemlösung wird schließlich auch durch ein *rechtsvergleichendes* Argument bestätigt. Sie entspricht nämlich dem *französischen* Recht, dem der BGB-Gesetzgeber mit seiner Entscheidung für die Garantiehaftung des Vermieters gefolgt ist[165]. Nach Art. 1721 des *Code civil*, dem § 538 BGB nachgebildet ist, haftet der Vermieter dem Mieter auf Ersatz des durch den Mangel der Mietsache entstandenen Schadens. Demgegenüber trifft den Verkäufer eine entsprechende Einstandspflicht nur dann, wenn er den Sachmangel kannte (Art. 1645, 1646). Daß aber die Haftung nach Art. 1721 C.c., gerade weil sie eine Garantiehaftung ist, auch den redlichen Vermieter trifft, der den Mangel nicht kannte, ist trotz gewichtiger Bedenken in der Literatur feststehende Rechtsprechung[166]. Andererseits aber schränkt die französische Praxis die Garantiehaftung in bestimmten Fällen ein.

### 1. Inconvenients naturels

Die Garantiehaftung wird insbesondere dann ausgeschlossen, wenn es sich bei dem Sachmangel um „natürliche Nachteile handelt, die der Mietsache infolge ihrer Lage innewohnen *(inconvenients naturels inhérents à la chose par suite de sa situation)*". Mit dieser Begründung hat die *Cour de Cassation* im Jahre 1949[167] die Garantiehaftung eines Vermieters verneint, der dem Kläger in der Nähe des Rheins ein Gebäude vermietet hatte, dessen Kellerräume durch Hochwasser überschwemmt wurden.

Damit hat die Cour de Cassation ein Urteil der *Cour de Paris* aus dem Jahre 1849[168] in einem ähnlichen Fall bestätigt. Hier war der Mieter eines in unmittelbarer Nähe der Seine gelegenen Anwesens durch Hochwasser geschädigt worden, das in die Kellerräume eingedrungen war. Wie das Gericht ausführt, kommen Überschwemmungen in dem betreffenden Gebiet seit unvordenklichen Zeiten vor, wenn die Seine

---

[165] Siehe oben S. 32.
[166] *Le Gall*, L'obligation de garantie dans le louage de choses (1962) Nr. 73—74, S. 110 ff.; *Mazeaud / Mazeaud / de Juglart*, Leçons de droit civil III, 2⁴ (1974) Nr. 1117, S. 381; vgl. auch die 3. Aufl. 1968, S. 343 mit Nachw.; *Ferid*, Das französische Zivilrecht (1971) 2 G 17, S. 699.
[167] *Dalloz* 1949. 496.
[168] *Dalloz* 1849. 5. 272.

Hochwasser führe. Diese allgemein bekannte Tatsache habe auch der Mieter beim Vertragsschluß nicht verkennen können. Folglich habe er die Lage der Mietsache mit ihrem natürlichen Nachteil akzeptiert.

Und schon im Jahre 1825 hatte die *Cour de Colmar*[169] die Reichweite des Art. 1721 C.c. mit ähnlicher Begründung eingeschränkt. In diesem Fall hatte sich ein Müller, der eine Wassermühle gepachtet hatte, auf die Garantiehaftung des Verpächters berufen, weil eines der vier Räder der Mühle durch den dafür vorgesehenen Wasserlauf nicht mit der gleichen Geschwindigkeit wie die anderen Räder angetrieben wurde. Das Gericht hat die Garantiehaftung verneint, weil der Pächter die Mühle in dem Zustand gepachtet habe, in dem sie sich beim Vertragsschluß befand.

## 2. Die Einschränkung der Garantiehaftung im französischen und deutschen Recht

Die französische Rechtsprechung schränkt demnach die gesetzliche Garantiehaftung des Vermieters in ähnlicher Weise ein, wie dies hier für das deutsche Recht vorgeschlagen wird. Demgegenüber begründet die französische Literatur[170] eine solche Einschränkung bisweilen mit einem stillschweigenden Ausschluß der Garantiehaftung durch die Parteien, wie dies auch in der deutschen Literatur erwogen wird[171]. Es ist indessen ein Vorzug der französischen Rechtsprechung, daß sie den für die Einschränkung der Garantiehaftung maßgeblichen Gesichtspunkt (*inconvenients naturels*) offen benennt, ohne den Parteien zu unterstellen, sie hätten für diesen Fall stillschweigend einen Haftungsausschluß vereinbart. Vorzug verdient diese Rechtsprechung auch gegenüber der begrifflichen Argumentation des BGH, der die Einschränkung der Garantiehaftung mit Hilfe eines von Fall zu Fall eingeschränkten Fehler-Begriffs glaubt erreichen zu können.

Unter Berufung auf die französische Rechtsprechung hat bereits *Partsch*[172] das oben erwähnte Urteil des Reichsgerichts[173] kritisiert, mit dem die Rechtsprechung zu einem grundsätzlich extensiven Fehlerbegriff eingeleitet worden ist. Das RG hat damals die Garantiehaftung eines Verpächters bejaht, ohne in Erwägung zu ziehen, daß eine solche nach den besonderen Umständen des Falles ausgeschlossen sein könnte. Demgegenüber hat *Partsch* zu bedenken gegeben: „Wer im oberschlesischen Industriegebiet in einer Gegend pachtet, in der die Veränderun-

---
[169] *Sirey* 1825. 2. 148.
[170] Vgl. etwa *Colin / Capitant*, Cours élémentaire de droit civil français II[5] (1928) S. 534.
[171] Siehe oben S. 48.
[172] *Partsch*, JW 1921, 334 f.
[173] RG, JW 1921, 334; siehe oben S. 50 f.

gen des bergbaulichen Betriebes auf die Grundwasserverhältnisse fortwirkend einwirken, wird diese Gefahr kaum dem Verpächter zur Last legen dürfen." Dabei beruft sich *Partsch* ausdrücklich auf die „Auslegung des Pachtvertrages". Ein solcher Rückgriff auf die Besonderheiten des einzelnen Pachtvertrages, wie ihn *Partsch* gefordert hat, sollte entgegen der bisher herrschenden Meinung bei der gesetzlichen Garantiehaftung des § 538 BGB möglich sein, wie dies ja auch für Art. 1721 C.c. für möglich gehalten wird, der dem BGB-Gesetzgeber als Vorbild gedient hat.

# Literaturverzeichnis

*Accursius:* Glossa ordinaria in Digestum vetus, 1969, (= Corpus Glossatorium Iuris Civilis, VII).

*Arndts,* Ludwig *Ritter von Arnesberg:* Lehrbuch der Pandekten, 9. Aufl., Stuttgart 1877.

*Benöhr,* Hans-Peter: Anmerkung zu: OLG Celle, Urt. v. 13. 7. 1973 (NJW 1973, 2289), in: NJW 1974, S. 648.

*Beseler,* Gerhard: Romanistische Studien, in: SZ (Rom. Abt.) 50, (1930) S. 18—77.

— Et ideo — Declarare — Hic, in: SZ (Rom. Abt.) 51, (1931) S. 54—83.

*Blomeyer,* Arwed: Allgemeines Schuldrecht, 4. Aufl., Berlin und Frankfurt a. M. 1969.

*von Blume,* W.: Der Schadensersatzanspruch des Käufers wegen Lieferung einer mangelhaften Sache und seine Verjährung, in: JherJb. 55 (1909) S. 209—242.

*Brinz,* Alois: Lehrbuch der Pandekten II, 1, 2. Aufl., Erlangen 1879.

*Brox,* Hans: Allgemeines Schuldrecht, 8. Aufl., München 1980.

— Besonderes Schuldrecht, 7. Aufl., München 1980.

*Brox,* Hans / *Elsing,* Siegfried: Die Mängelhaftung bei Kauf, Miete und Werkvertrag, in: JuS 1976, S. 1—8.

Das Bürgerliche Gesetzbuch mit besonderer Berücksichtigung der Rechtsprechung des Reichsgerichts und des Bundesgerichtshofes, Kommentar, II/2, 12. Aufl., Berlin 1978.

*Colin,* Ambroise / *Capitant,* H.: Cours élémentaire de droit civil français II, 5. Aufl., Paris 1928.

*Costa,* Emilio: La Locazione di cose nel diritto romano, Torino 1915 (rist. Roma 1966).

*Diederichsen,* Uwe: „Schadensersatz wegen Nichterfüllung" und Ersatz von Mangelfolgeschäden, in: AcP 165 (1965) S. 150—168.

*Dilcher,* Hermann: Die Theorie der Leistungsstörungen bei Glossatoren, Kommentatoren und Kanonisten, Frankfurt a. M. 1960 (= Frankfurter wissenschaftliche Beiträge, rechts- und wirtschaftswissenschaftliche Reihe, 19).

Dresdener Entwurf eines allgemeinen deutschen Gesetzes über Schuldverhältnisse von 1866, herausgg. v. Bernhard Francke, Dresden 1866, Neudr. Aalen 1973 (= Neudrucke privatrechtlicher Kodifikationen und Entwürfe des 19. Jahrhunderts, Bd. 2).

*Enneccerus,* Karl / *Lehmann,* Heinrich: Recht der Schuldverhältnisse, 15. Bearb., Tübingen 1958.

Entwurf eines bürgerlichen Gesetzbuchs für das Großherzogthum Hessen, nebst Motiven, Darmstadt 1845.

Entwurf eines bürgerlichen Gesetzbuchs für das Königreich Bayern, Bd. II, Recht der Schuldverhältnisse, München 1861, Neudr. Aalen 1973 (= Neudrucke privatrechtlicher Kodifikationen und Entwürfe, Bd. 3).

*Erman*, Walter: Handkommentar zum Bürgerlichen Gesetzbuch I, 6. Aufl., Münster 1975.

*Esser*, Josef: Schuldrecht I, II, 4. Aufl., Karlsruhe 1970, 1971.

*Esser*, Josef / *Schmidt*, Eike: Schuldrecht I, 1, 5. Aufl., Karlsruhe 1975.

*Esser*, Josef / *Weyers*, Hans-Leo: Schuldrecht II, 1, 5. Aufl., Heidelberg, Karlsruhe 1977.

*Ferid*, Murad: Das französische Zivilrecht, Frankfurt a. M., Berlin 1971.

*Fikentscher*, Wolfgang: Schuldrecht, 6. Aufl., Berlin—New York 1976.

*Le Gall*, Jean-Pierre: L'obligation de garantie dans le louage de choses, Paris 1962.

*Hassold*, Gerhard: Zur Reichweite der Mängelgewährleistung im Mietrecht, in: NJW 1974, S. 1743—1745.

— Konkurrenzen zwischen den Gewährleistungsregeln des Mietrechts und dem allgemeinen Unmöglichkeitsrecht, in: NJW 1975, S. 1863—1867.

*Haymann*, Franz: Die Haftung des Verkäufers für die Beschaffenheit der Kaufsache I, Berlin 1912.

*Heck*, Philipp: Grundriß des Schuldrechts, Tübingen 1929.

*Heldrich*, Karl: Das Verschulden beim Vertragsschluß im klassischen römischen Recht und in der späteren Rechtsentwicklung, Leipzig 1924.

*Hensche*, Detlef: Der Schadensersatzanspruch wegen Nichterfüllung im Recht der Sachmängelgewährleistung, Diss. Bonn 1975.

*Heuberger*, J.: Die Sachmiete nach dem Schweizerischen Obligationenrechte, Zürich 1889.

*Hoffmann*, Hans-Joachim: Anmerkung zu: OLG Koblenz, Urt. v. 24. 5. 1966, in: NJW 1967, S. 50—51.

*Honsell*, Heinrich: Quod interest im bonae-fidei-iudicium, München 1969 (= Münchener Beiträge zur Papyrusforschung und antiken Rechtsgeschichte, 55).

— Die positive Vertragsverletzung und ihr Verhältnis zur Sachmängelhaftung bei Kauf, Miete und Werkvertrag, in: Jura 1979, S. 184—199.

*von Jhering*, Rudolf: Culpa in contrahendo oder Schadensersatz bei nichtigen oder nicht zur Perfection gelangten Verträgen, in: JherJb. 4 (1861) S. 1—112.

*Karlowa*, Otto: Römische Rechtsgeschichte II, 1, Leipzig 1901.

*Kaser*, Max: Das römische Privatrecht I, 2. Aufl., München 1971.

— Zur Methodologie der römischen Rechtsquellenforschung, Wien 1972.

— Rezension zu: Theo Mayer-Maly, Locatio conductio, 1956, in: SZ (Rom. Abt.) 73 (1956) S. 424—431.

— Periculum locatoris, in: SZ (Rom. Abt.) 74 (1957) S. 155—200.

*Köhler*, Helmut: Grundfälle zum Gewährleistungsrecht bei Kauf, Miete und Werkvertrag, in: JuS 1979, S. 647—651.

*Köpcke,* Günther: Typen der positiven Vertragsverletzung, Stuttgart—Berlin—Köln—Mainz 1965.

Kommission zur Ausarbeitung des Entwurfes eines bürgerlichen Gesetzbuches für das Deutsche Reich, Recht der Schuldverhältnisse II, Vorlage des Redaktors von Kübel, Berlin 1882.

*Krampe,* Christoph: Anmerkung zu: BGH, Urteil vom 20. 4. 1977, in: JZ 1978, S. 438—440.

*Kunkel,* Wolfgang: Diligentia, in: SZ (Rom. Abt.) 45 (1925) S. 266—351.

*Kupisch,* Berthold: Id quod interest bei Nichterfüllung und Verzug des Verkäufers (Pomp. D. 19, 1, 3, 3 und Paul. D. 19, 1, 21, 3), in: TRG 43 (1975) S. 1—22.

*Larenz,* Karl: Lehrbuch des Schuldrechts I, 12. Aufl., München 1979.

— Lehrbuch des Schuldrechts II, 11. Aufl., München 1977.

*Leonhard:* Rezension zu: Friedrich Mommsen, Über die Haftung der Contrahenten bei der Abschließung von Schuldverträgen, Erörterungen aus dem Obligationenrechte II, 1879, in: ZHR 26 (1881) S. 284—307.

*Liebs,* Detlef: Römisches Recht, Göttingen 1975.

*von Lübtow,* Ulrich: Zur Frage der Sachmängelhaftung im römischen Recht, in: Studi Ugo Enrico Paoli, Florenz 1956, S. 489—496.

*Mayer-Maly,* Theo: Locatio conductio, Eine Untersuchung zum klassischen römischen Recht, Wien, München 1956 (= Wiener Rechtsgeschichtliche Arbeiten, IV).

— Die Wiederkehr der culpa levissima, in: AcP 163 (1964) S. 114—136.

*Mazeaud,* Henri et Léon / *Mazeaud,* Jean / *de Juglart,* Michel: Leçons de droit civil III, 2, 3. u. 4. Aufl., Paris 1968 u. 1974.

*Medicus,* Dieter: Id quod interest, Köln, Graz 1962 (= Forschungen zum römischen Recht, 14).

— Vertragliche und deliktische Ersatzansprüche für Schäden aus Sachmängeln, in: Tübinger Festschrift für Eduard Kern, Tübingen 1968, S. 313—334.

— Bürgerliches Recht, 9. Aufl., Köln, Berlin, Bonn, München 1979.

*Mommsen,* Friedrich: Beiträge zum Obligationenrecht I, Die Unmöglichkeit der Leistung in ihrem Einfluß auf obligatorische Verhältnisse, Braunschweig 1853.

— Erörterungen aus dem Obligationenrecht II, Über Haftung der Contrahenten bei der Abschließung von Schuldverträgen, Braunschweig 1879.

*Monier,* Raymond: Manuel élémentaire de droit romain II, 5. Aufl., Paris 1954 (Nachdr. Aalen 1970).

Motive zu dem Entwurfe eines Bürgerlichen Gesetzbuches für das Deutsche Reich II, Berlin und Leipzig 1888.

*Mugdan,* B.: Die gesammten Materialien zum Bürgerlichen Gesetzbuch für das Deutsche Reich II, Berlin 1899.

*Odofredus:* In secundam Digesti veteris partem, Lugduni 1552.

*Oertmann,* Paul: Kommentar zum Bürgerlichen Gesetzbuch II, 5. Aufl., Berlin 1929.

*Oertmann*, Paul: Anfängliches Leistungsunvermögen, in: AcP 140 (1935) S. 129 bis 153.

*Partsch:* Anmerkung zu: RG, Urt. v. 3. 12. 1920, in: JW 1921, S. 334—335.

*Pieper*, Helmut: Der Anspruch auf Schadensersatz wegen Nichterfüllung, in: JuS 1962, S. 409—417, 459—463.

Protocolle der Commission zur Ausarbeitung eines Allgemeinen Deutschen Obligationenrechts, Dresden 1863.

Protocolle der Ersten Kommission zur Ausarbeitung des Entwurfes eines Bürgerlichen Gesetzbuches für das Deutsche Reich (metallographiert).

Protokolle der Kommission für die zweite Lesung des Entwurfs des Bürgerlichen Gesetzbuches II, Berlin 1898.

*Provera*, Giuseppe: Contributi alla teoria dei iudicia contraria, Torino 1951.

*Rebe*, Bernd / *Rebell*, Andreas: Vertragliche Schadensersatzansprüche bei der Lieferung einer mangelhaften Sache (1. Teil), in: JA 1978, S. 544—551.

*Rengier*, Hans-Bernhard: Die Abgrenzung des positiven Interesses vom negativen Vertragsinteresse und vom Integritätsinteresse, dargestellt am Problem der Haftung des Verkäufers, Vermieters und Unternehmers für Schäden infolge von Sachmängeln, Berlin 1976 (=Schriften zum Bürgerlichen Recht, 39).

*Schlechtriem*, Peter: Vertragsordnung und außervertragliche Haftung, Frankfurt a. M. 1972.

*Schmidt*, Eike: Nachwort zu: Rudolf von Jhering, Culpa in contrahendo; Hermann Staub, Die positiven Vertragsverletzungen, Bad Homburg, Berlin, Zürich 1969.

*Schönenberger*, Wilhelm / *Jäggi*, Peter / *Schmid*, Emil: Kommentar zum Schweizerischen Zivilgesetzbuch, Das Obligationenrecht V, 2 b, 3. Aufl., Zürich 1974.

*Schubert*, Werner: Die Entstehung der Vorschriften des BGB über Besitz und Eigentumsübertragung, Berlin 1966 (= Münstersche Beiträge zur Rechts- und Staatswissenschaft, 10).

— Materialien zur Entstehungsgeschichte des BGB, Berlin, New York 1978.

*Schulz*, Fritz: Prinzipien des römischen Rechts (Nachdr.) Berlin 1954.

*Seckel*, Emil / *Levy*, Ernst: Die Gefahrtragung beim Kauf im klassischen römischen Recht, in: SZ 47 (1927) S. 117—263.

*Siber*, Heinrich: Grundriß des Deutschen bürgerlichen Rechts 2, Schuldrecht, Leipzig 1931.

*Sintenis*, Carl Friedrich Ferdinand: Das practische gemeine Civilrecht II, Das Obligationenrecht, 3. Aufl., Leipzig 1868.

*Söllner*, Alfred: Mietvertragliche Sachmängelhaftung des Grundstückserwerbers gegenüber Dritten, BGHZ 49, 350, in: JuS 1970, S. 159—164.

*Soergel*, Hs. Th. / *Siebert*, W.: Kommentar zum Bürgerlichen Gesetzbuch II, 10. Aufl., Stuttgart, Berlin, Köln, Mainz 1967.

*v. Staudinger*, J.: Kommentar zum Bürgerlichen Gesetzbuch II, 12. Aufl., Berlin 1978.

*Stein*, Peter: Fault in the formation of contract in Roman law and Scots law, Aberdeen, Edinburgh 1958.

*Thiele*, Wolfgang: Leistungsstörung und Schutzpflichtverletzung — Zur Einordnung der Schutzpflichtverletzungen in das Haftungssystem des Zivilrechts, in: JZ 1967, S. 649—657.

*Todt*, Günther: Schadensersatzansprüche des Käufers, Mieters und Werkbestellers aus Sachmängeln, Heidelberg 1970.

— Die Schadensersatzansprüche des Käufers, Mieters und Werkbestellers bei Lieferung eines mangelhaften Vertragsobjekts, in: BB 1971, S. 680—685.

*Trenk-Hinterberger*, Peter: Die Garantiehaftung des Vermieters, BGH, LM § 537 BGB Nr. 19, in: JuS 1975, S. 501—505.

*von Tuhr*, Andreas: Streifzüge im revidierten Obligationenrecht, in: Schweizerische Juristenzeitung 18 (1921/22) S. 383—388.

*Voci*, Pasquale: L'errore nel diritto romano, Milano 1937.

*Weimar*, Wilhelm: Die Sachmängelhaftung im Mietrecht, Düsseldorf 1957.

— Zum Umfang des Schadensersatzanspruchs wegen Nichterfüllung gem. § 538 BGB, in: MDR 1960, S. 555—557.

*Wieacker*, Franz: Vom römischen Recht, 2. Aufl., Stuttgart 1961.

*Wilburg*, Walter: Die Elemente des Schadensrechts, 1941.

*Windscheid*, Bernhard: Lehrbuch der Pandekten II, 7. Aufl., Frankfurt a. M. 1891.

*Wolf*, Joseph Georg: Barkauf und Haftung, D. 19, 1, 23, Iul. 13 dig., in: TRG 45 (1977) S. 1—25.

## Rechtsprechungsregister

| Datum | Fundstelle | Seite |
|---|---|---|

**Oberappellationsgerichte**

*Dresden*

| 1847 | SeuffArch. 1 (1847) Nr. 338 | 31 mit Anm. 63; 32 mit Anm. 69 |

*Kassel*

| 1861, 28. 6. | SeuffArch. 16 (1863) Nr. 214 | 31 mit Anm. 65; 32 mit Anm. 71 |

*Lübeck*

| 1826, 5. 5. | SeuffArch. 7 (1854) Nr. 31 | 31 mit Anm. 64; 32 mit Anm. 70 |

**Reichsgericht**

| 1920, 3. 12. | JW 1921, 334 | 51 mit Anm. 138; 64 mit Anm. 173 |
| 1913, 14. 1. | RGZ 81, 200 | 17 mit Anm. 18, 21 |
| 1940, 13. 11. | DR 1941, 637 | 44 mit Anm. 121 |
| 1942, 30. 3. | RGZ 169, 84 | 17 mit Anm. 18 |

**Bundesgerichtshof**

| 1962, 21. 2. | NJW 1962, 908 (Autoscooter) | 17 f. mit Anm. 19, 22; 44 mit Anm. 119, 120; 46 mit Anm. 127; 45 mit Anm. 124 |
| 1963, 1. 4. | NJW 1963, 1449 | 18 mit Anm. 23 |
| 1968, 22. 1. | BGHZ 49, 350 | 18 mit Anm. 23 |
| 29. 5. | BGHZ 50, 200 (Contactkleber) | 44 mit Anm. 122 |
| 10. 7. | WM 1968, 1306 | 50 mit Anm. 134 |
| 1970, 9. 12. | NJW 1971, 424 (Hochwasser) | 14 f.; 18 mit Anm. 23; 50 mit Anm. 134; 135, 136; 51 mit Anm. 139, 141; 52 f. mit Anm. 144, 146; 55 f. mit Anm. 150 |
| 1971, 20. 1. | LM, BGB § 537 Nr. 17 | 51 mit Anm. 137 |
| 24. 11. | BGHZ 57, 292 (Futtermittel) | 46 mit Anm. 125 |
| 1972, 2. 2. | LM, BGB § 537 Nr. 19 | 18 Anm. 23 |
| 27. 3. | NJW 1972, 944 (= LM, BGB § 537 Nr. 20) | 50 Anm. 135; 58 Anm. 156 |

| Datum | Fundstelle | Seite |
|---|---|---|
| 1974, 18. 12. | BGHZ 63, 333 (Hotelparkplatz) | 11 mit Anm. 2; 12 ff.; 18 mit Anm. 23; 19 mit Anm. 30; 55 f. mit Anm. 153; 59 f. |
| 1977, 4. 4. | NJW 1977, 1236 (= ZMR 1978, 50) | 40 Anm. 102 |
| 20. 4. | BGHZ 68, 294 (Diskothek) | 51 mit Anm. 140; 53 f. mit Anm. 148; 55 f. mit Anm. 151; 57 |

**Oberlandesgerichte**

*Kammergericht*

| 1941, 9. 7. | DR 1941, 2337 | 52 mit Anm. 143 |

*Celle*

| 1973, 13. 7. | NJW 1973, 2289 | 42 Anm. 110 |

*Düsseldorf*

| 1969, 11. 4. | ZMR 1970, 173 | 42 Anm. 110 |
| 1974, 4. 4. | VersR 1974, 1113 | 18 Anm. 23 |
| 5. 11. | VersR 1975, 541 | 61 mit Anm. 161, 162 |

*Hamburg*

| 1918, 7. 5. | SeuffArch. 73 (1918) Nr. 118 | 51 f. mit Anm. 142; 54 f. mit Anm. 149; 56 f. |

*Hamm*

| 1967, 30. 5. | MDR 1968, 50 | 42 Anm. 10 |
| 1969, 11. 7. | ZMR 1970, 236 | 51 Anm. 137 |

*Köln*

| 1962, 13. 7. | NJW 1964, 2020 | 18 Anm. 23 |

*Koblenz*

| 1966, 24. 5. | NJW 1966, 2017 (Campingplatz) | 13 ff.; 18; 20; 52 f. mit Anm. 145; 55; 58—60 |

**Landgerichte**

*Frankfurt*

| 1975, 10. 6. | NJW 1976, 1355 | 50 Anm. 135 |

*Hamburg*

| 1973, 20. 6. | NJW 1973, 2254 | 50 Anm. 135 |

*Mannheim*

| 1974, 19. 12. | ZMR 1975, 244 | 42 Anm. 110 |

| Datum | Fundstelle | Seite |
|---|---|---|

*Verden*

1975, 25. 3.    VersR 1976, 299                53 mit Anm. 147; 58 f.

**Frankreich**

*Cour de Cassation*

1949, 10. 6.    Dalloz 1949.496                63 mit Anm. 167

*Cour de Colmar*

1825, 14. 11.   Sirey 1825.2.148               64 mit Anm. 169

*Cour de Paris*

1849, 29. 1.    Dalloz 1849.5.272              63 f. mit Anm. 168

**Schweiz**

*Schweizerisches Bundesgericht*

1904, 6. 5.     BGE 30 II, 239                 33 mit Anm. 77

*Bernischer Appellationsgerichtshof*

1916, 28. 3.    ZBernJV 52 (1916) 546          33 mit Anm. 77

Printed by Libri Plureos GmbH
in Hamburg, Germany